QUE SAIS-JE ?

L'informatique

JACKY AKOKA
Professeur au Conservatoire national des Arts et Métiers et à l'INT

ISABELLE COMYN-WATTIAU
Professeur à l'Université de Cergy-Pontoise et à l'ESSEC

ISBN 2 13 053123 7

Dépôt légal — 1re édition : 2002, septembre

INTRODUCTION

L'informatique – ou traitement automatique de l'information – est une science qui s'appuie sur les techniques très anciennes d'automatisation du calcul. Cependant, elle n'a connu de réel développement qu'avec l'arrivée de l'ordinateur dans les années 1940. En effet, les fondements de l'informatique datent de – 3000 avant notre ère, au moment où les Chinois ont vraisemblablement utilisé le système binaire pour représenter les nombres. De même, les origines de la logique, généralement attribuée à Boole, remontent en fait au philosophe grec Aristote, soit plus de trois cents ans avant Jésus-Christ. Enfin, les bases de l'algorithmique, principal fondement de la programmation, ont été posées par Ada Lovelace en 1843. Ces principes s'appuient sur des travaux entrepris dès 820 par le mathématicien arabe Al Khowarizmi.

Depuis, son évolution est prodigieuse au point qu'on peut considérer ce même terme d'informatique sous trois angles très différents :

- l'informatique est un *outil*, incluant matériels et logiciels qui communiquent via des réseaux ;
- l'informatique est une *discipline,* maintenant reconnue sur le plan scientifique, enseignée à l'université et même dans les lycées. Elle trouve ses fondements dans plusieurs domaines des mathématiques ;
- l'informatique est une *fonction* dans toute entreprise ou organisation. Elle occupe une position hiérarchique à un niveau plus ou moins stratégique. Elle offre des métiers dans le secteur secondaire comme dans le secteur tertiaire.

Chapitre I

L'INFORMATIQUE – UN OUTIL

Dans ce chapitre, nous considérons tous les aspects de l'informatique en tant qu'outil mis à la disposition d'un individu ou d'une organisation. En effet, les trois fonctions classiquement confiées partiellement ou totalement à l'ordinateur sont : le *calcul* ou plus généralement le traitement de l'information, la *mémorisation* de l'information quelle qu'elle soit, la *communication* avec l'utilisateur ou entre les utilisateurs.

Ces trois fonctions sont rendues possibles par la mise à disposition combinée d'un ordinateur - ou matériel, de logiciels - ou programmes, d'un réseau permettant, le cas échéant, de relier plusieurs ordinateurs. Ce chapitre présente successivement ces trois composantes techniques essentielles de l'informatique.

I. – Le matériel

L'ordinateur comprend une unité centrale, à laquelle sont reliés un ensemble de périphériques. Composée principalement d'un ou plusieurs processeurs et de mémoire, l'unité centrale permet le traitement et la mémorisation temporaire de l'information. Cependant, cette unité centrale n'a d'utilité que si elle est reliée à un nombre plus ou moins important de périphériques tels le clavier, la souris, l'écran, mais aussi éventuellement une imprimante, un scanneur, des capteurs, etc. (fig. 1). Le travail du processeur est cadencé

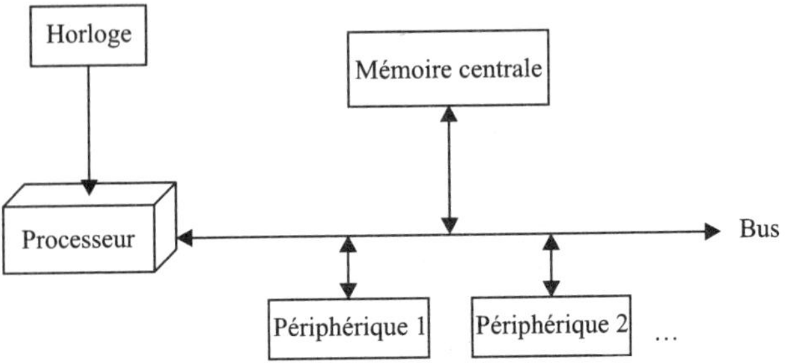

Fig. 1. – Architecture sommaire d'un ordinateur

par une horloge qui émet des signaux à intervalles réguliers. Dans la suite, nous décrivons d'abord l'unité centrale puis les périphériques.

1. **Unité centrale.** – L'unité centrale de l'ordinateur est constituée d'un élément essentiel, le processeur, et d'un ensemble de composants électroniques permettant au processeur de travailler. Citons principalement la mémoire centrale qui est l'espace de travail du processeur. Entre ces composants, les informations circulent via des bus. Il existe trois types de bus permettant le transport des données, des adresses et des commandes. Les bus (de type ISA, EISA, MCA, etc.) se distinguent par leur capacité (nombre de lignes), leur architecture (bus unique ou non), leur rôle (général ou dédié à une fonction), leur sens (unidirectionnel ou bidirectionnel). Nous détaillons ci-après les différents composants de l'unité centrale (fig. 2).

A) *Processeur.* – Tout traitement informatique peut être décomposé en un ensemble d'opérations élémentaires, à savoir des calculs, des comparaisons et des choix. Le processeur est le composant essentiel de

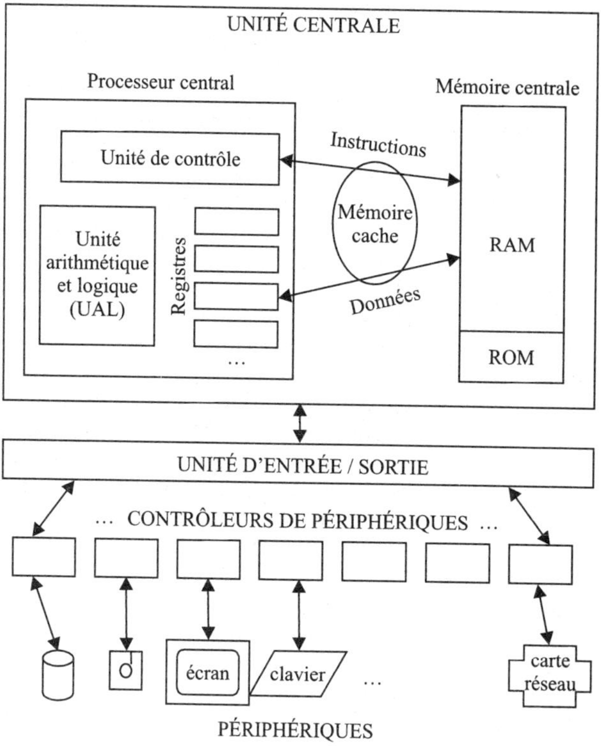

Fig. 2. – Architecture de l'unité centrale

l'ordinateur dans la mesure où il est seul capable d'effectuer ces opérations de base. Il est constitué d'un ensemble de circuits électroniques qui, correctement agencés, mettent en œuvre ces trois fonctions. Plus précisément, un processeur comprend :

– une unité arithmétique et logique (UAL) qui effectue les calculs et les comparaisons ;

– une unité de contrôle (ou unité de commande) qui assure le bon déroulement des opérations confiées au processeur ;
– des registres dans lesquels sont entreposées les informations utilisées et/ou produites par le processeur.

Le processeur fonctionne de la façon suivante. L'unité de contrôle va chercher en mémoire centrale l'instruction à exécuter. Pour être traitée, cette instruction est transférée vers l'unité de contrôle, qui la décode et transmet les signaux correspondants à l'unité arithmétique et logique pour en déclencher l'exécution. En effet, chaque processeur est capable de traiter un nombre fini d'opérations. Le décodage consiste à trouver les opérations capables d'exécuter l'instruction. Cette exécution englobe aussi le transfert des données depuis la mémoire centrale vers les registres, espaces mémoires internes au processeur. L'ensemble de ces opérations est cadencé par une horloge.

B) *Mémoire centrale.* – La mémoire centrale contient toutes les informations dont l'ordinateur se sert. Plus précisément, elle contient, d'une part, les programmes lancés par l'utilisateur et, d'autre part, les informations utilisées ou produites par ces programmes. Toutes ces informations sont représentées sous forme binaire (0 ou 1). C'est la raison pour laquelle la taille d'une mémoire centrale se mesure en nombre de positions binaires (en anglais *binary digit* ou *bit*). Avec 8 bits, on a 256 (2^8) possibilités de représentation, ce qui permet le stockage d'un jeu complet de caractères (chiffres, lettres et caractères spéciaux). Ainsi, on a défini une seconde unité, l'octet équivalant à 8 bits. Par la suite, des multiples ont été introduits. Toutefois, pour s'inscrire dans la logique binaire, ces multiples ne sont pas des puissances de 10, mais des puissances de 2. Ainsi, le kilo-octet est la puissance de 2 la plus proche de 1 000, soit 2^{10}. Depuis, ont été introduits le méga-octet (2^{20}), le giga-octet (2^{30}), le téra-octet (2^{40}), le péta-octet (2^{50}), l'exa-octet (2^{60}), le zetta-octet (2^{70}) et le yotta-octet (2^{80}). Ces unités ont été adoptées par tous les constructeurs informatiques. Elles permettent de mesurer à la fois la capacité mémoire des ordinateurs, mais aussi leur capacité de sauvegarde (voir plus loin les périphériques de stockage). La mémoire, quelle qu'elle soit, est constituée de « cases » repérées par un numéro encore appelé « adresse mémoire ». La taille de ces cases dépend, entre autres, du système d'exploitation, logiciel permettant le fonctionnement de l'ordinateur.

La mémoire centrale comprend en réalité deux parties très différentes : la mémoire vive ou RAM (Random Access Memory) qui stocke temporairement les données et les programmes comme décrit plus haut, et la mémoire morte ou ROM (Read Only Memory). Cette dernière, généralement de petite capacité, est remplie une fois pour toutes – elle est non modifiable – par le constructeur et contient les éléments vitaux nécessaires au fonctionnement de base de l'ordinateur. Il existe différents types de mémoires ROM (PROM, EPROM, REPROM, EAROM, EEROM, EEPROM, etc.) dont les différences s'expliquent par leur capacité à être programmés, effacés et par les techniques utilisées pour ce faire. De même, on trouve différentes technologies de RAM (SRAM ou mémoire vive statique, DRAM pour mémoire vive dynamique, VRAM ou mémoire vidéo).

Les opérations internes au processeur sont significativement plus rapides que les transferts des registres vers la mémoire centrale et inversement. Pour pallier cet inconvénient, on introduit une mémoire intermédiaire appelée mémoire cache ou antémémoire ou mémoire tampon. Celle-ci contient les instructions les plus fréquemment utilisées, ainsi que les instructions proches de l'instruction en cours. Cela permet statistiquement de réduire le temps d'attente du processeur. Cette mémoire est de type statique (SRAM).

On peut comparer la puissance des ordinateurs suivant deux critères : la capacité de la mémoire centrale et la puissance du processeur. Plus la mémoire centrale d'un ordinateur est spacieuse, plus l'ordinateur est rapide. En effet, une capacité mémoire plus grande permet le stockage simultané d'une plus grande quantité d'informations (données ou programmes), évitant ainsi des entrées-sorties, coûteuses en temps. La puissance du processeur, quant à elle, peut s'évaluer selon trois critères : la vitesse ou fréquence de l'horloge, mesurée en nombre d'impulsions par seconde ou Hertz (Méga-Hertz, Giga-Hertz, etc.), la longueur du mot, qui spécifie la taille élémentaire de l'information échangée entre le processeur et la mémoire centrale (on parle de processeur 32 bits, 64 bits, etc.), et la richesse de son jeu d'instructions internes. On distingue les processeurs CISC (Complete Instruction Set Computer) des processeurs RISC (Reduced Instruction Set Computer). Les premiers ont un jeu d'instructions plus riches mais plus longues. Les seconds privilégient un petit nombre d'opérations exécutées très rapidement.

L'architecture décrite ci-dessus est une architecture type. En réalité, les ordinateurs sont de plus en plus souvent dotés de plusieurs processeurs, qui effectuent des tâches dédiées (processeur d'entrée-sortie, processeur vectoriel, etc.) ou travaillent en parallèle, augmentant ainsi la puissance de l'ordinateur. Un coprocesseur, par exemple le coprocesseur mathématique, est dédié à la réalisation de tâches spécifiques au profit d'un autre processeur.

Les concepts précédents sont valables pour toutes les catégories d'ordinateurs, du supercalculateur au micro-ordinateur. On peut en effet classifier les ordinateurs selon deux critères principaux : leur rapidité d'exécution et le nombre d'utilisateurs simultanés qu'ils acceptent. L'unité de comparaison généralement utilisée pour la rapidité est le MIPS ou million d'instructions par seconde. Le nombre d'utilisateurs simultanés est une caractéristique approximative traduisant la possibilité de partager l'activité du processeur entre plusieurs utilisateurs. Les ordinateurs individuels sont, comme leur nom l'indique, limités à un seul utilisateur, alors que certains gros calculateurs peuvent traiter simultanément les demandes de plusieurs centaines d'utilisateurs. On peut classifier les ordinateurs dans quatre catégories principales :

- les super-calculateurs qui font travailler en parallèle un grand nombre de processeurs et sont dédiés au calcul scientifique sur des masses importantes de données, telles les données météorologiques captées par les satellites (CRAY et RED sont les deux principales machines de cette catégorie). Leur puissance a maintenant dépassé le millier de MIPS ;
- les macro-ordinateurs *(mainframes)* permettent la connexion simultanée de plusieurs centaines d'utilisateurs. Ils sont présents dans les entreprises nationales ou internationales pour l'exécution des programmes nécessitant l'accès concourant de tous les employés chargés de la gestion des principales applications (100 MIPS) ;
- les mini-ordinateurs équipent les entreprises de taille inférieure ou les « grosses » PME. Ils assurent à plusieurs dizaines d'utilisateurs l'accès simultané aux mêmes données et programmes (10 MIPS) ;
- les ordinateurs personnels sont répartis en deux sous-ensembles : les stations de travail dédiées au développement de programmes à caractère scientifique et les micro-ordinateurs parmi lesquels on dis-

tingue maintenant les ordinateurs de bureau *(desktop)*, les portables *(notebook)* et les ordinateurs de poche *(laptop)*.

2. **Périphériques.** – Un ordinateur communique avec son environnement (utilisateur, ligne téléphonique, autre ordinateur, machine à commandes numériques, etc.) via des composants matériels appelés périphériques. Par souci d'organisation, on distingue les périphériques selon leur statut : les périphériques d'entrée permettent l'introduction d'informations (donnée ou programme) dans la mémoire centrale de l'ordinateur ; les périphériques de sortie permettent, au contraire, la transmission d'informations de l'ordinateur vers l'utilisateur. Les deux assurent la communication homme-machine. Cette distinction est parfois sans objet. Ainsi, un écran tactile assure à la fois le rôle de périphérique d'entrée et de sortie. On distingue une troisième catégorie de périphériques, appelés périphériques de sauvegarde, permettant le stockage permanent des données et des programmes.

A) *Périphériques d'entrée.*

a) Clavier. C'est le périphérique d'entrée le plus couramment utilisé pour dialoguer avec l'ordinateur. On distingue des claviers plus ou moins riches en nombre de touches de base et touches de fonction. En particulier, les ordinateurs portables ont un nombre de touches réduit. Il n'existe pas de standard mondial de répartition des touches : deux versions coexistent. On distingue principalement les QWERTY (anglo-saxons) et les AZERTY (plutôt européens) faisant référence à l'ordre des touches principales.

b) Souris. La souris est un dispositif de pointage qui permet de sélectionner sur l'écran des icônes, ou représentations graphiques des différents éléments manipulés par l'ordinateur : fichiers, fenêtres, dossiers, etc. Il existe différentes technologies dont la plus récente est la souris optique (sans fil).

c) Autres dispositifs de pointage. D'autres matériels sont disponibles, notamment sur les portables : tablette sensible *(touchpad),* boule de commande *(trackball),* écran tactile, crayon optique associé avec une surface sensible, tablette graphique, souris à l'envers, ainsi que les manettes de jeux *(joysticks).*

d) Numériseur ou scanneur. Ce matériel permet de lire et enregistrer une image sur l'ordinateur à l'aide d'un dispositif optique. Des logiciels d'accompagnement permettent ensuite de traiter cette image. En particulier, s'il s'agit d'un texte, un logiciel de reconnaissance de caractères pourra convertir l'image en un texte compréhensible par un logiciel de traitement de texte. S'il s'agit d'une photographie, on peut utiliser un logiciel de retouche. Il existe trois types de scanneurs : les scanners à plat, à défilement et à main. À noter que les scanneurs monopolisent un espace conséquent en mémoire centrale (environ un mégaoctet par page). La qualité d'un scanneur est liée à sa résolution. On la mesure en dpi ou dots per inch (points par pouce), de 400 à 2 400 dpi en général.

e) Capteur. C'est un dispositif physique connecté à un ordinateur qui permet le recueil d'informations, tels la température, le taux d'humidité, le niveau d'un liquide, etc.

f) Autres périphériques d'entrée. Pour l'enregistrement du son (musique ou parole), on utilise les cartes son et les microphones. Pour l'image fixe ou animée, on recourt aux appareils-photo numériques ou aux webcams.

B) *Périphériques de sortie.*

a) Écran ou moniteur et carte vidéo. L'écran est le périphérique de sortie le plus naturel. Il restitue l'information saisie (en faisant l'écho des caractères saisis au clavier, ou en déplaçant le pointeur au gré des mouvements de la souris). On distingue les écrans monochromes des écrans couleur. Dans ces deux catégories, on trouve des écrans classiques ou des écrans plats (à cristaux liquides, à plasmas, etc.). La taille du moniteur se mesure en pouces selon la longueur de la diagonale de l'écran (écran 17 pouces ou 21 pouces). La résolution du moniteur est mesurée en nombre de points, appelés pixels *(picture elements)*. Un pixel est le plus petit élément affichable par un moniteur. Chaque pixel est stocké sur un nombre de bits plus ou moins important, permettant un jeu de couleurs plus ou moins riche (16 bits permettent 2^{16}, soit 65 536 couleurs). Au fur et à mesure des améliorations technologiques, les cartes vidéo situées à l'intérieur des ordinateurs offrent des qualités d'image de plus en plus grandes (cartes CGA, EGA, VGA, SVGA, VESA, SVESA, XGA/HDA). Les micro-ordinateurs possèdent maintenant de plus une mémoire vidéo (VRAM pour vidéo RAM) permettant de stocker le contenu d'un ou plusieurs écrans. La capacité vidéo d'un ordinateur peut être améliorée par l'adjonction de cartes accélératrices permettant de communiquer directement avec la mémoire centrale. La norme AGP (Accelerated Graphics Port) est particulièrement utile pour les images 3D.

b) Imprimante. C'est un des périphériques de sortie les plus utilisés. On distingue trois types principaux d'imprimantes. Les plus anciennes sont les imprimantes matricielles ou à aiguilles. La tête d'impression est une matrice de 9 à 24 aiguilles qui impactent le papier pour composer le caractère. Ces imprimantes sont très fiables, bon marché mais d'une technologie en voie de disparition, en raison de leur qualité d'impression moyenne et de leur relative lenteur.

Les imprimantes à jet d'encre utilisent un dispositif qui projette de l'encre sur la page de papier à travers une buse. Ces imprimantes ne sont pas rapides (maximum 4 ppm ou pages par minute) mais elles sont économiques à l'achat et à l'entretien.

Les imprimantes laser fonctionnent avec une technologie analogue à celle des photocopieurs. Elles utilisent une encre sèche en poudre fine *(toner)*. Leur résolution varie de 300 à 1 200 ppp (points par pouce), ce qui produit des impressions d'une qualité largement supérieure aux imprimantes à jet d'encre. Il existe des imprimantes laser couleur.

L'utilisation des imprimantes laser peut être optimisée grâce à la présence d'une mémoire intégrée, d'une capacité de 4 à 8 Mo, permettant de mémoriser la page avant de l'imprimer, ce qui libère plus rapidement le processeur central.

Certaines imprimantes sont équipées d'une carte réseau, qui permet de les connecter dans un réseau local. L'imprimante n'est alors plus dédiée à un ordinateur particulier. Elle est partagée par l'ensemble des postes présents sur le réseau. On parle d'imprimantes réseaux.

Les imprimantes à jet d'encre ou à laser présentent l'avantage supplémentaire de mettre à la disposition de l'utilisateur de très nombreuses polices de caractères, de tailles et de caractéristiques différentes. Les jeux de caractères ou polices peuvent être résidents, c'est-à-dire stockés sur une mémoire morte (ROM) propre à l'imprimante, ou téléchargées depuis l'ordinateur, à condition que l'imprimante dispose d'une mémoire vive, d'un micro-processeur et d'un langage de description de page, capable de reconnaître et d'analyser les commandes reçues. Il existe deux types de polices : les polices « bitmap », dans lesquelles chaque caractère est défini par un nuage de points, et les polices vectorielles, où chaque caractère est enregistré sous la forme d'un vecteur numérisé, ce qui facilite l'agrandissement ou la réduction de taille sans perte de qualité. Actuellement les deux langages standards sont : Postscript d'Adobe qui utilise des polices vectorielles couvre 80 % du marché et PCL (Printer Command Language) qui a été créé par Hewlett Packard pour ses imprimantes LaserJet. Au départ, il fonctionnait avec des polices bitmap, puis il s'est adapté aux polices vectorielles. Pour contrer le monopole d'Adobe, Apple et Microsoft ont créé respectivement un format de police de caractères vectoriels appelé TrueType et un langage associé appelé TrueImage.

c) Traceur. Pour les impressions graphiques sophistiquées, destinées notamment à la réalisation de plans, cartes ou schémas, on utilise des tables traçantes ou traceurs offrant une netteté et une précision remarquables.

d) Haut-parleur, carte son. Pour la restitution des sons, l'ordinateur doit être équipé d'une carte son et, bien sûr, de haut-parleurs incorporés ou externes.

C) *Périphériques de sauvegarde.* – L'ordinateur comprend une mémoire centrale qui est, en réalité, son espace de travail. Dans cette mémoire sont stockés données et programmes pendant le temps nécessaire à leur utilisation. Cette mémoire est parfois qualifiée de volatile dans la mesure où elle ne peut conserver les informations qu'à la condition d'être alimentée électriquement. Pour sauvegarder les données et les programmes de façon définitive et sans contrainte d'alimentation, les ordinateurs disposent d'un autre type de mémoire appelé mémoire secondaire, ou mémoire auxiliaire, ou mémoire externe ou encore mémoire de masse. Tous ces termes sont synonymes. La technologie utilisée est différente. Il peut s'agir de bandes magnétiques, de mécanismes optiques ou autres. Nous détaillons ci-dessous les différents types de mémoire secondaire. À noter que la capacité de ces périphériques est mesurée en octets. On distingue le support, par exemple la disquette, et le périphérique qui permet d'accéder à ce support, par exemple le lecteur de disquette.

a) Disquette. Les premières disquettes ont été conçues par IBM au début des années 1970. Elles étaient d'une taille supérieure à nos disquettes actuelles : d'un diamètre de huit pouces, elles n'étaient recouvertes d'oxyde magnétique que sur une seule face, donc appelées disquettes simple face. Les améliorations technologiques vont permettre rapidement à la fois l'oxydation des deux faces (disquettes double face) ainsi qu'un mode d'enregistrement plus ou moins efficace (on parle de simple, double, haute ou extra-haute densité). Pour pouvoir lire ou écrire sur une disquette double face, il faut bien sûr en outre que le lecteur de disquette soit équipé d'une double tête de lecture. Les modes d'enregistrement en simple densité sont maintenant relégués à l'histoire. Les disquettes ont ensuite évolué vers un format 5 pouces ¼, puis 3 pouces ½. À l'heure actuelle, c'est ce dernier format qui est le seul utilisé. Les supports magnétiques sont des disques souples percés en leur centre qui est actionné par le mécanisme d'entraînement. Ils sont recouverts par une enveloppe en plastique (souple pour les anciennes disquettes, rigide pour les disquettes 3 pouces ½). Cette enveloppe est une protection contre la poussière, les traces de doigts et toute autre impureté. Les disquettes 3 pouces ½ peuvent être protégées contre l'écriture par l'utilisation d'un cliquet en plastique qui, selon sa position, autorise ou non l'ordinateur à écrire sur le support. Les disquettes sont des supports de sauvegarde très utiles dans la mesure où ils sont économiques, simples d'utilisation et peu encombrants. Toutefois, leur capacité est limitée. Une disquette 3 pouces ½ double face haute densité peut contenir 1,44 méga-octet d'informations (données ou programmes).

D'un point de vue logique, la disquette est découpée en pistes et en secteurs. Les pistes sont des cercles concentriques sur lesquels l'information est stockée. Chaque piste est elle-même divisée en secteurs (fig. 3).

Les disquettes contiennent, outre les informations à stocker, des informations nécessaires au système d'exploitation pour utiliser cette disquette. Ces informations sont définies selon un format qui est affecté lors de l'initialisation de la disquette, appelée aussi formatage. Le formatage peut être effectué avant l'achat ou par le propriétaire de la disquette avant sa première utilisation. À titre d'exemple, le format IBM PC sous le système DOS (Disk Operating System) est le suivant. La piste 0 contient des informations sur le type de la disquette et sur son contenu. En particulier, le premier secteur de cette piste, appelé secteur de *boot,* contient le programme de chargement du système d'exploitation si cette disquette est une disquette système, permettant le redémarrage de l'ordinateur en cas de défaillance du disque dur. Les deuxième et troi-

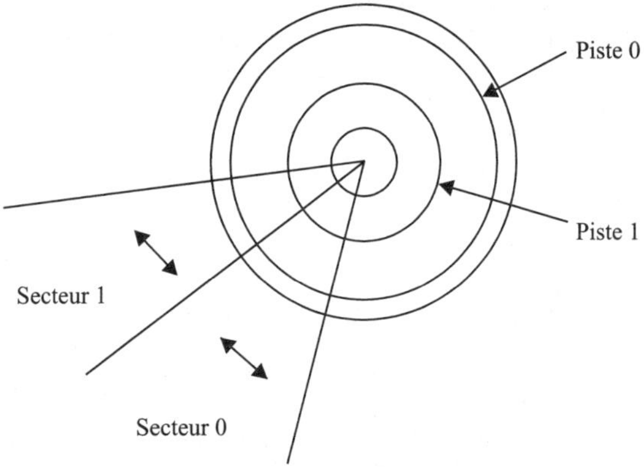

Fig. 3. – Structure d'une disquette

sième secteurs de la piste 0 contiennent le descriptif du contenu de la disquette appelé *Table d'allocation des fichiers* ou FAT (File Allocation Table). C'est le contenu de cette table qui s'affiche quand on lance la commande *dir* du DOS ou quand on utilise l'explorateur Windows pour visualiser le contenu d'une disquette. Cette table est dupliquée sur les secteurs 4 et 5 pour en disposer en cas de défaillance des secteurs 2 et 3.

Lorsque l'utilisateur de l'ordinateur demande l'accès à la disquette, directement par une commande ou indirectement par une action d'enregistrement du travail en cours, le lecteur de disquette met en marche la rotation de la disquette jusqu'à ce que la tête de lecture soit positionnée sur le secteur adéquat. Cette opération rend l'utilisation des disquettes relativement longue. Le taux de transfert usuel est d'environ 60 kilo-octets par seconde.

Même si la disquette 3 pouces ½ reste encore le standard, il existe depuis plusieurs années des disquettes de grande capacité avec des lecteurs spécifiques, par exemple les Zip de Iomega d'une capacité de 250 méga-octets, qui permettent le stockage de « gros » programmes ou d'images que les disquettes classiques ne peuvent gérer.

b) Disque magnétique ou disque dur. Les disques magnétiques ou disques durs, appelés ainsi par opposition à la disquette appelée disque souple, ont aussi été développés à l'origine par IBM dès la fin des années 1950. Un disque magnétique est un plateau circulaire métallique, en aluminium ou autre métal léger, d'un diamètre variable, de 1 à 5 pouces pour les micro-ordinateurs jusqu'à 30 cm pour les gros systèmes. L'originalité de ce support est que la tête de lecture et le plateau ne sont pas en contact. Ils sont séparés par une distance de quelques microns, c'est-à-dire un coussin d'air. C'est la technologie dite de Winchester. Dans une unité de disques, le plateau tourne à grande vitesse, de 3 600 à 15 000 tours par minute. Pour éviter toute altération, les têtes et les plateaux sont conservés dans des boîtiers étanches. Par extension, on parle de disques pour désigner des systèmes comportant plusieurs plateaux disposés autour d'un même axe (jusqu'à 20 plateaux) et intercalés avec des têtes de lecture-écriture. L'ensemble de toutes les pistes d'une telle pile de disques est appelé cylindre. Un disque contient de 500 à 2 000 pistes. Des logiciels, tels les systèmes de gestion de bases de données, sont capables d'optimiser le stockage des données en tenant compte des temps de déplacement des têtes de lecture et des temps de rotation des disques. Ces optimisations sont importantes, car le processeur travaille bien plus rapidement que le lecteur de disque. Les opérations de lecture-écriture, dites d'entrée-sortie, sont donc des goulets d'étranglement pour toutes les applications. Contrairement à la disquette, le disque dur est en rotation permanente, ce qui rend plus efficace son utilisation. On estime le taux de transfert entre mémoire centrale et disque dur à environ 32 méga-octets par seconde.

Le contrôleur de disque gère les échanges de données entre le disque et la mémoire centrale. On l'appelle aussi interface disque. Les contrôleurs les plus utilisés sont actuellement les IDE (Integrated Drive Electronic) et les SCSI (Small Computer System Interface). Les premiers (IDE) sont apparus dans les années 1980. Ils sont simples, économiques et équipent en standard les micro-ordinateurs actuels. Ils permettent de gérer des taux de transfert de 16 à 100 méga-octets par seconde. Les seconds (SCSI) sont plus coûteux. Ils sont plutôt utilisés sur les serveurs (de 10 à 320 méga-octets par seconde).

Actuellement, les disques durs ont une capacité usuelle de 10 à 20 giga-octets. Le coût de revient du giga-octet est en décroissance continuelle.

Les disques durs sont ainsi bien plus intéressants que les disquettes pour au moins deux raisons : la capacité de stockage et le taux de transfert. Toutefois, ils ne présentent pas l'avantage d'être transportables aussi facilement que les disquettes. À noter qu'il existe des disques durs amovibles qui sont en fait des disques de même technologie contenus dans des boîtiers amovibles, résistants au choc et que l'on peut connecter facilement à l'ordinateur.

Comme la disquette, le disque dur est formaté avant toute utilisation. Tout « reformatage » du disque dur entraîne la perte des informations qui y sont contenues. Outre le formatage, un disque magnétique peut être partitionné. Cela consiste à découper l'espace disque en différentes zones, comme s'il s'agissait de plusieurs disques. Cela permet en particulier d'utiliser un même disque pour fonctionner avec différents systèmes d'exploitation. On peut avoir quatre partitions logiques sur un disque, et même plus en utilisant des lecteurs logiques.

Pour garantir une sécurité maximale, on peut régulièrement sauvegarder le contenu du disque dur sur une bande ou une cartouche avec un programme de sauvegarde. Pour éviter en outre toute perte de données, dans le cas notamment où le disque est situé sur un serveur utilisé par un grand nombre d'utilisateurs, il existe des techniques particulières. La technologie RAID (Redundant Array of Inexpensive Disks) consiste par exemple à utiliser plusieurs disques (une grappe de disques) et à écrire de façon redondante sur différents disques simultanément. Cette technologie permet à la fois une plus grande sécurité (grâce à la redondance) et une plus grande efficacité (par l'écriture en parallèle). Il existe différents niveaux d'utilisations de cette technologie de RAID0 à RAID7, voire RAID10 ainsi que de multiples combinaisons, notamment selon le degré et le type de redondance choisis.

c) Disque optique numérique. Le disque optique numérique (DON) est une technologie plus récente promise à un bel avenir. Elle existe depuis les années 1970 et est utilisée sous différentes dénominations : CD (Compact Disk), CD-ROM (Compact Disk- Read Only Memory), CDR (Compact Disk Recordable), DVD (Digital Video Disk ou Digital Versatile Disk), etc. La technologie ne cesse de s'améliorer notamment en ce qui concerne la vitesse de lecture-écriture, mais aussi la ré-utilisation ou ré-inscriptibilité. Le premier CD-Audio a été lancé par Philips et Sony. Le principe de base repose sur la lecture-écriture au moyen d'un faisceau laser. Un miroir fait office de tête de lecture en réfléchissant le rayon lumineux. Un CD-ROM, par exemple, est gravé en spirale. Il peut contenir 650 méga-octets d'informations. La gravure crée des alvéoles irrégulièrement espacées, matérialisant ainsi un codage binaire. Le lecteur de CD-ROM est caractérisé par sa vitesse, calculée par rapport à la vitesse d'un lecteur de CD-Audio (150 Ko/s). Ainsi un lecteur 20X a une capacité de 20 fois 150 kilo-octets, soit 3 méga-octets par seconde.

Le DVD-ROM est un CD-ROM d'une plus grande capacité (l'espacement entre les alvéoles et la taille des alvéoles sont largement diminués, de l'ordre de 0,5 μ). On peut donc lire trois fois plus de données avec la même vitesse de rotation.

En outre, on distingue deux types de disques optiques numériques : les disques dits à lecture seule ou mono-sessions qui ne peuvent être inscrits qu'une seule fois et les disques à lecture/écriture ou multi-sessions. Dans la catégorie des disques à lecture seule, on trouve les CD audio, les CD-ROM et les DVD-ROM. Dans la catégorie multi-sessions, on distingue les disques non effaçables des disques effaçables. Les disques non effaçables peuvent être utilisés en écriture une et une seule fois, puis en lecture comme les disques mono-sessions. On distingue, dans cette catégorie, les CD-R, les WORM et les DVD-R. Les disques effaçables sont les CD-RW, sur lesquels on peut enregistrer plusieurs fois et les DVD-RW, DVD+RW ainsi que les DVD-RAM. Ces trois derniers types sont tous trois des DVD réinscriptibles. L'avenir dira, parmi ces trois formats, ceux pourvus des meilleures qualités. Avant tout achat, il convient de vérifier avec attention la compatibilité entre les lecteurs de DON et les supports choisis. En effet, le caractère très récent de ces périphériques a pour conséquence un manque certain de standardisation.

d) Bande et cartouche magnétique. La bande magnétique traditionnelle reste très utilisée pour l'archivage des données, en raison notamment de son très faible coût. C'est un ruban de polyester recouvert de particules métalliques minuscules agissant comme des aimants. Les bandes traditionnelles volumineuses sont remplacées par des cartouches magnétiques de différents types :

– les cassettes ou mini-cartouches DAT (Digital Audio Tape) de 4 mm permettent de stocker jusqu'à 12 giga-octets de données ;
– les cartouches ½ pouce DLT (Digital Linear Tape) permettent de stocker 40 giga-octets de données à raison d'un taux de transfert pouvant aller jusqu'à 5 méga-octets par seconde.

3. **Matériel de réseau.** – Pour pouvoir communiquer entre eux, les ordinateurs doivent être reliés via un réseau. Même s'il existe d'autres technologies, comme le câble connectant l'un à l'autre deux ordinateurs ou la liaison infrarouge permettant d'envoyer un fichier d'un micro-ordinateur à un autre, le mode de communication le plus fréquent entre deux ordinateurs est le réseau informatique. Celui-ci relie entre

eux différents ordinateurs d'une même entreprise localisés au même endroit (on parle de réseau local) ou des ordinateurs répartis géographiquement dans des endroits distants (on parle de réseaux grande distance). Les réseaux assurent l'échange d'informations, la communication, mais aussi les transactions commerciales, qui permettent le e-business ou commerce électronique. Au niveau d'une entreprise, outre la communication interne et la liaison au réseau externe, le réseau informatique permet le partage des ressources : une imprimante connectée à un réseau sera utilisable par tous les ordinateurs présents sur ce réseau. Ainsi, il n'est plus nécessaire de disposer d'une imprimante par poste. On peut de la sorte économiser un budget important. Cette économie permettra éventuellement l'acquisition d'imprimantes plus puissantes et de meilleure qualité. De la même façon, l'existence d'un réseau permet le partage de ressources logicielles. Les programmes utilisés par plusieurs ordinateurs peuvent être stockés sur un serveur et téléchargés à la demande sur chaque ordinateur sous réserve des conditions de compatibilité, de capacité et de droit d'accès.

a) Carte réseau. Pour être relié à un réseau, un ordinateur doit être équipé d'une carte réseau. Celle-ci doit être configurée, c'est-à-dire paramétrée selon l'ordinateur et le réseau. Elle est utilisée par un logiciel appelé pilote de carte réseau et destiné à assurer la communication entre l'unité centrale de l'ordinateur et ce périphérique particulier qu'est la carte réseau.

b) Modem. Le modem (modulateur-démodulateur) est un périphérique qui permet de faire communiquer deux ordinateurs via des lignes téléphoniques. Les ordinateurs stockent les données sous forme numérique alors que les lignes téléphoniques traditionnelles transportent les informations sous forme de signaux dits analogiques. Le modem est le matériel effectuant la conversion dans un sens ou dans l'autre selon le cas. C'est un traducteur. Il est caractérisé par une vitesse exprimée en kilo-bits par seconde. Actuellement, le standard est le modem à 56 Kbits/seconde, qui correspond à la vitesse de transfert d'informations sur le réseau téléphonique commuté. Pour aller au-delà, il faut avoir recours au réseau RNIS. La vitesse de 56 Kbits/seconde est une vitesse théorique. En réalité, les modems émettent à environ 34 Kbits/seconde et reçoivent à environ 48 Kbits/seconde. On distingue les modems internes, cartes d'extension situées à l'intérieur de l'ordinateur sans alimentation autonome qui ne peuvent donc fonctionner quand ce dernier est éteint, des modems externes. La tendance actuelle est la combinaison de produits multiples comprenant fax, répondeur, modem, etc.

c) Carte Numéris RNIS. France Telecom met à disposition des entreprises un réseau téléphonique à intégration de service (RNIS) appelé Numéris qui permet de transférer des informations (voix, données, images) sous forme numérique de bout en bout. Ce réseau permet un débit de 64 Kbits par seconde. Il est aussi plus fiable que le réseau téléphonique classique. Pour connecter un ordinateur à un réseau RNIS, il faut l'équiper d'un boîtier RNIS ou carte Numéris.

d) Liaison spécialisée. Pour des besoins spécifiques, il existe aussi la possibilité de louer des lignes spécialisées. Ces lignes sont empruntées à l'infrastructure normale, mais elles sont à disposition des utilisateurs qui les ont louées. On peut atteindre des débits de 140 Mbits par seconde. Chaque utilisateur doit évaluer son besoin. Par exemple, un site web ayant une forte fréquentation peut nécessiter une connexion rapide.

e) Autre réseau. Il existe d'autres réseaux spécialisés, tel Transpac, mis en service en 1978, pour répondre aux besoins des entreprises qui, déjà à l'époque, ne pouvaient se contenter des liaisons classiques. Le réseau Transpac permet par exemple la mise en place d'un circuit virtuel, c'est-à-dire d'une relation entre deux abonnés avec transmission de données à haut débit et haut niveau de sécurité. À terme, Transpac sera concurrencé par les nouvelles technologies Internet avec protocoles IP.

f) Commutation. On appelle commutation la façon d'organiser le partage d'une liaison entre plusieurs communications. Il existe deux modes standards de commutation : la commutation de circuits et la commutation de messages. La commutation de circuits consiste à allouer à chaque communication une bande passante qui est réservée pour cette communication. La commutation de messages, quant à elle, ne réserve pas de ressources. Elle gère une file d'attente de messages transmis via le même canal. Elle peut générer une attente. Pour améliorer cette technique, on a défini un troisième mode de commutation appelé commutation de paquets, dans lequel les messages sont découpés en paquets. Un message n'est pas transmis intégralement, mais paquet par paquet, ce qui diminue l'attente. Transpac, fondé sur l'architecture X25, est un réseau à commutation de paquets.

g) Routage. Un réseau informatique peut être considéré comme un graphe dont chaque nœud est un ordinateur relié au réseau et chaque arc traduit une liaison possible entre deux ordinateurs. La topologie des réseaux ainsi formés est très variable. On dit qu'un réseau est fortement maillé s'il existe de nombreuses façons de naviguer dans ce graphe. Le routage désigne alors la technique de choix d'un parcours pour transférer des informations d'un nœud A vers un nœud B. On dit que le routage est adaptatif s'il tient compte du trafic sur le réseau.

II. – Le logiciel

L'exploitation d'un ordinateur ou d'un réseau, qu'il soit local ou étendu, requiert l'utilisation de logiciels. Ces derniers, constitués d'ensembles d'instructions formant des programmes, sont nécessaires pour exécuter les tâches demandées par les utilisateurs. Pour satisfaire les besoins des utilisateurs, on a mis au point deux types de logiciels. Le premier, appelé logiciel de base, est celui qui commande au plus près les composants de l'ordinateur. Le second, appelé logiciel d'application, correspond à des programmes achetés ou développés pour effectuer les tâches demandées par les utilisateurs. Les logiciels d'application ne peuvent être exécutés sans la présence de logiciels de base, notamment le système d'exploitation.

1. **Logiciels de base.** – Les logiciels de base offrent des outils permettant la manipulation des données. C'est le cas des éditeurs de texte, des compilateurs, des interpréteurs, des éditeurs de liens, des outils d'extraction ou de fusion des fichiers. Ils offrent aussi des services facilitant le travail des développeurs tels que le gestionnaire des données, des fenêtres et des communications. Enfin, ils comportent des systèmes d'exploitation chargés de l'exécution des logiciels d'application.

A) *Systèmes d'exploitation.* – Tous les systèmes d'exploitation procèdent au chargement et lancement des programmes. Ils gèrent les processeurs, les périphériques d'entrée-sortie et la mémoire centrale. Le système d'exploitation a pour tâche principale la gestion de l'architecture matérielle et fournit l'environnement d'exécution requis par les logiciels d'application. Parmi les services fournis, citons :

– *La gestion des processus :* Un programme est généralement décomposé en processus. Un processus est constitué d'une séquence d'instructions. Les processus, issus d'un même programme ou de programmes différents, initiés par un même utilisateur ou par plusieurs, peuvent s'exécuter simultanément dans les systèmes dits multitâches. S'il n'y a qu'un seul processeur, il ne s'agit pas d'une réelle simultanéité, mais d'un découpage du temps permettant l'allocation successive de quelques unités de temps du processeur à un processus. Les processus sont, tour à tour, actifs, suspendus, en attente de ressources ou détruits. Les systèmes d'exploitation gèrent la communication entre les processeurs et offrent des mécanismes de synchronisation.

– *La gestion de la mémoire :* La création et l'exécution des processus nécessitent le transfert des programmes et des données constitutifs de ces processus des périphériques vers la mémoire centrale. La gestion de ce transfert dans les deux sens est assurée par le système d'exploitation. La gestion de la mémoire centrale comprend aussi l'allocation d'espaces aux différents programmes. Le système d'exploitation doit assurer la réservation de ces espaces, le non-débordement des programmes dans les zones non allouées et la remise à disposition des espaces libérés par les programmes terminés.

– *La gestion des fichiers :* Le système d'exploitation assure les fonctions de création, mise à jour, destruction, protection et sauvegarde des fichiers. Il facilite l'organisation des données et l'accès à ces dernières.

– *La gestion des entrées-sorties :* Le système d'exploitation offre des mécanismes utilisés par les processus pour communiquer avec l'extérieur, qu'il s'agisse de l'utilisateur, des périphériques comme l'imprimante, ou encore de l'environnement relié au moyen de dispositifs tels les capteurs. Il permet la gestion de l'horloge, la configuration des ports d'entrée-sortie, le déplacement des têtes de lecture des disques durs, le choix du mode graphique, etc.

– *La gestion des périphériques :* Ils assurent la gestion de l'ensemble des périphériques. Ils offrent des outils de gestion de la sécurité des ressources d'un réseau, local ou étendu.

Le système d'exploitation dispose de fonctions de haut niveau, appelées Application Programming Interfaces (API), accessibles à partir d'un langage de programmation. Ces API ou « appels systèmes » sont généralement faciles à programmer et rendent plus aisées la résolution de problèmes et l'exécution des programmes. Ces fonctions de haut niveau sont spécifiques à chaque système d'exploitation.

On distingue les systèmes d'exploitation mono-utilisateurs des systèmes multi-utilisateurs. Les systèmes mono-utilisateurs peuvent être monotâches ou multi-tâches. Un système multitâche permet de partager le temps du processeur par plusieurs programmes. En d'autres termes, un programme peut commencer à être exécuté avant que le précédent ne soit terminé. De ce fait, les programmes semblent s'exécuter simultanément. À l'intérieur des systèmes multitâches, on distingue les systèmes préemptifs, possédant un ordonnanceur ou planificateur qui répartit le temps du processeur entre les tâches, des systèmes à temps partagé dans lesquels un quota de temps est alloué à chaque processus. C'est généralement le cas des systèmes transactionnels multi-utilisateurs. À noter que certains systèmes multi-tâches peuvent organiser l'exécution des tâches sur plusieurs processeurs, identiques ou différents. Ces systèmes multiprocesseurs peuvent avoir une architecture articulée autour d'un processeur central appelé à coordonner les autres processeurs. Ils peuvent avoir aussi une architecture composée de processeurs indépendants disposant chacun de son système d'exploitation propre. Enfin, on distingue les systèmes à monoprogrammation des systèmes à multiprogrammation. Ces derniers sont généralement non interactifs et offrent le traitement par lots *(batch)* ou le traitement différé, dans lesquels les travaux nécessitant beaucoup de temps de calcul sont planifiés la nuit. Le tableau ci-dessous reprend cette typologie pour différents types de systèmes d'exploitation :

Système	*Taille du mot*	*Mono-utilisateur*	*Multi-utilisateur*	*Mono-tâche*	*Multi-tâche*
DOS	16 bits	X		X	
Windows 3.1	16/32 bits	X			non préemptif
Windows 95/98/Me	32 bits	X			préemptif
Windows NT/2000/XP	32 bits	X			préemptif
Unix-Linux	32 bits		X		préemptif
VMS	32 bits		X		préemptif

Comme le montre le tableau ci-dessous, l'évolution des systèmes d'exploitation tend à se standardiser, notamment depuis les années 1970 :

1re génération	1950-1960	exploitation « porte ouverte » langage machine
2e génération	1958-1968	traitement par lots premiers systèmes d'exploitation
3e génération	1960-1970	multiprogrammation temps partagé
4e génération	1970-aujourd'hui	réseaux systèmes répartis

B) *Langages de programmation.* – L'évolution des langages de programmation a suivi une double tendance : s'éloigner de la structure des ordinateurs et accroître la facilité avec laquelle les développeurs et les utilisateurs interagissent avec les architectures matérielles et logicielles. Les différentes générations de langages et les standards les plus connus sont présentés dans le deuxième chapitre de ce livre.

L'utilisation de langages de programmation évolués a conduit à l'élaboration d'un ensemble de logiciels de base appelés traducteurs et dont l'objectif est de transformer le code évolué en langage machine. Dans cette famille de *traducteurs*, on trouve les *assembleurs*, propres à la génération dite des langages d'assemblage. Un programme en langage d'assemblage contient un ensemble réduit d'instructions permettant de régir de façon rapprochée le comportement du processeur : charger le contenu d'une variable stockée en mémoire centrale dans un registre du processeur, additionner cette valeur à celle d'un autre registre, etc. L'assembleur est donc un traducteur très simple qui remplace une instruction LOAD par le code hexadécimal correspondant que le processeur peut directement interpréter. Les registres et la mémoire centrale sont eux aussi désignés sous la forme d'adresses exprimées en hexadécimal. À noter que le codage hexadécimal, c'est-à-dire en base 16, n'est rien d'autre qu'une expression plus concise des suites binaires que la machine traite effectivement. Chaque chiffre hexadécimal (0, 1, ..., A, ..., F) est immédiatement transformé en son équivalent sur quatre bits.

Les *compilateurs* sont des traducteurs plus sophistiqués, adaptés à la transformation de programmes utilisant un langage évolué. Ils transforment un programme écrit en langage source (COBOL, C, etc.) en un code dit objet. Ils comprennent un analyseur lexical, qui reconnaît les mots du langage :

- les mots clés BEGIN, WHILE, etc. ;
- les identificateurs ou noms choisis pour désigner les cases mémoires, les fichiers, les périphériques et tous les éléments manipulés par les programmes ;
- les opérateurs arithmétiques ou autres (+, –, &, OR, AND).

L'analyse lexicale est suivie d'une analyse syntaxique des phrases que constituent les instructions du programme. L'analyse sémantique vérifie un ensemble de règles de base, par exemple la concordance des types (on ne peut additionner un nombre avec une chaîne de caractères). Une fois ces analyses effectuées, le compilateur traduit et optimise le code ainsi généré.

Un programme peut être composé de plusieurs modules compilés séparément. C'est pourquoi, la génération d'un code exécutable, c'est-à-dire écrit en langage machine, nécessite de relier entre eux les différents codes objets issus de la compilation de chaque module. Cette phase est assurée par un outil appelé *éditeur de liens*.

Il existe un autre type de traducteur appelé *interpréteur*. Contrairement au compilateur, l'interpréteur analyse chaque instruction du programme et, si elle est correcte, l'exécute immédiatement. Le code exécutable est donc généré au fur et à mesure de l'analyse du programme. Ce type d'outil facilite la mise au point du programme dans la mesure où l'on peut immédiatement tester une partie du programme, même si l'ensemble n'est pas écrit. Toutefois, les programmes ainsi réalisés sont moins performants, car ils doivent être retraduits à chaque exécution. L'idéal est de disposer, pour un même langage, d'un interpréteur pour la mise au point et d'un compilateur à utiliser une fois le programme testé et validé.

Notons enfin que les différents traducteurs sont de plus en plus sophistiqués. Ils contiennent des outils d'aide à la mise au point des programmes, appelés *debuggers* qui facilitent la localisation et le diagnostic des erreurs.

2. **Logiciels d'application.** – Les logiciels d'application correspondent à des programmes achetés (progiciels) ou développés de manière spécifique afin de répondre aux besoins des utilisateurs. Ces logiciels sont développés à l'aide de langages de programmation.

a) Logiciels de bureautique. Ces logiciels sont les plus utilisés sur micro-ordinateur. Ils facilitent la productivité des personnes en automatisant les tâches élémentaires que sont l'écriture et le calcul. Ainsi les *traitements de texte* stockent les documents sur ordinateur. Les contenus peuvent être modifiés et transformés autant de fois que nécessaire. La présentation des textes peut être ensuite adaptée (taille, couleur, forme, etc.). De plus en plus, les traitements de texte sont enrichis d'outils sophistiqués, comme les correcteurs orthographiques, les dictionnaires multilingues, etc. Word de Microsoft est le logiciel de traitement de texte le plus connu.

Après le traitement de texte, le logiciel le plus utilisé est sans aucun doute le *tableur*. Il facilite les calculs et simulations en offrant un tableau dans lequel on peut entreposer des nombres, des formules, des textes et modifier, aussi souvent que nécessaire, les contenus. Les tableurs s'enrichissent progressivement de nombreuses fonctions mathématiques, statistiques et financières. Leur utilisation est automatisable au moyen de programmes, permettant de plus en plus la création de logiciels de simulation dédiés à des décideurs. Ils sont aussi constitués d'outils graphiques ou grapheurs permettant la visualisation des valeurs (proportions, tendances, etc.). Excel de Microsoft est le tableur le plus connu.

Dans la catégorie des logiciels de bureautique, on classe fréquemment les outils dits de Présentation assistée par ordinateur (Pré-AO). Ces outils permettent de mettre au point des supports de présentation (cours, produits, conférences) destinés soit à être imprimés sur des feuilles transparentes, soit à être visualisés sur le mur via un vidéo-projecteur. Dans ce second cas, ils proposent des éléments d'animation, facilitant l'apparition progressive des informations (textes, images et même son) à l'écran. PowerPoint de Microsoft est l'outil le plus répandu.

Pour la fabrication de revues, feuilles de presse, journaux, publications diverses, on utilise les outils dits de publication assistée par ordinateur (PAO). Ils sont intermédiaires entre les traitements de texte et les outils de Pré-AO, offrant notamment le multicolonnage, l'agencement des articles et contenus dans les pages. PageMaker et Express sont des exemples de tels outils.

b) Logiciels de dessin et d'image. Les outils décrits plus haut permettent la conception de figures simples, ou l'insertion d'images au préalable numérisées. Toutefois, pour les besoins spécifiques, il existe des logiciels spécialisés de dessin assisté par ordinateur (DAO), de traitement de photographies ou d'images, de conception assistée par ordinateur (CAO) pour représenter les plans, les circuits intégrés, etc. Il convient alors de vérifier les standards du secteur d'activité et de s'équiper de solutions informatiques pérennes car ces logiciels spécialisés sont d'un coût relativement élevé.

c) Les systèmes de gestion de base de données (SGBD). Pour stocker efficacement les données sur les disques, des logiciels spécifiques ont été conçus dès les années 1960. Ce sont les SGBD. Ils sont disponibles sur les micro-ordinateurs pour les besoins individuels comme sur les « gros systèmes » pour gérer l'ensemble des données des entreprises. C'est un pan important du domaine de l'informatique. Les logiciels les plus répandus dans les entreprises sont les SGBD relationnels DB2 d'IBM et Oracle. Sur micro-ordinateur, Microsoft propose Access et SQL Server.

d) Collecticiels. Pour faciliter le travail de groupe, il existe des logiciels spécialisés qui facilitent le partage des informations communes : données, documents, courriers électroniques, etc. Ces logiciels appelés collecticiels ou outils de *groupware* permettent notamment de localiser dans chaque document les différents auteurs du document, les différentes versions et mises à jour du document. Ils facilitent le travail des personnes qui ne sont pas nécessairement localisées au même endroit ou disponibles au même moment. Lotus Notes est un outil représentatif de cette catégorie.

e) Navigateurs. L'accès au réseau Internet nécessite la présence sur l'ordinateur d'un logiciel de navigation, permettant de « surfer » de site web en site web. En effet, la connexion physique des ordinateurs est assurée par le réseau Internet. Toutefois, la connexion logique des données et programmes entre eux est rendue possible par le concept d'hypertexte et d'hyperlien. Chaque site web contient des informations (textes, images, etc.) structurées et liées entre elles, à l'intérieur d'un même site ou d'un site à l'autre, par des systèmes de pointage appelés hyperliens. HTML (HyperText Markup Language) est le standard quasi universel. Un document HTML est essentiellement constitué de caractères standards et de caractères spéciaux appelés marqueurs que le logiciel de navigation est capable d'interpréter et qui lui permet de repérer la localisation du document lié. Les logiciels de navigation les plus utilisés sont Netscape Navigator et Microsoft Explorer.

f) Logiciels multimédias. Les logiciels multimédias permettent l'interaction de l'utilisateur avec différents types de données (textes, graphique, son, voix, vidéo). Ils sont particulièrement utiles pour la conception et le développement de sites web, l'imagerie, la vidéoconférence, la messagerie vocale et vidéo. Ces logiciels sont fondés sur un ensemble de techniques de codage des données. Les codages obéissent à des standards (AIFF, MP3, etc., pour le son, MIDI pour la musique, BMP, GIF, JPEG, etc., pour les images). Le volume important des données manipulées nécessite l'utilisation de techniques de compression. Ainsi les normes MPEG (Moving Pictures Experts Group) régissent le format d'enregistrement des vidéos. Le format MPEG ne stocke pas la succession de toutes les images mais uniquement les différences d'image à image. De plus, il préconise un débit d'images que l'œil peut effectivement visualiser.

La plupart des applications sur Internet, c'est-à-dire les sites web, sont multimédias. En effet, ils combinent plusieurs types de données pour proposer des sites attractifs. Des applications multimédias sont aussi développées pour l'enseignement assisté par ordinateur (EAO). Ces applications, appelées didacticiels ou tutoriels, peuvent être conçues avec des logiciels génériques (Multimedia, Authorware) ou avec des logiciels spécialisés, appelés exerciseurs. Les jeux sur ordinateur sont aussi développés avec des logiciels génériques ou, de plus en plus, avec des logiciels de réalité virtuelle, c'est-à-dire des outils permettant de créer de toutes pièces des univers dans lesquels l'utilisateur semble reconnaître des images réelles.

Les applications sur Internet doivent obéir à des règles de compatibilité et d'ouverture. Ainsi, on s'oriente vers la mise au point de langages à vocation générale comme PHP. PHP (Hypertext Preprocessor) est un langage de script HTML. Il permet de collecter les données et de générer dynamiquement des pages web. Un des avantages majeurs est la compatibilité de ce langage avec de nombreux SGBD. Comme conséquence, il devient extrêmement aisé de réaliser une page web dynamique interfaçant une base de données, notamment Adabas D, Informix, MySQL, Oracle, Postgres SQL, Sybase, etc. À la différence des autres langages qui obligent à écrire un programme avec de nombreuses lignes de commandes afin par exemple d'afficher une page HTML, PHP permet d'écrire une page HTML et y inclut le code permettant son affichage. Ce code PHP est inséré entre des caractères spéciaux ou délimiteurs, permettant ainsi au navigateur de les repérer et d'interpréter le code PHP. Ce code est exécuté sur le serveur. Le client ne reçoit que le résultat du script sans aucun moyen d'accès au code. On estime à 25 000 le nombre de sites web utilisant PHP, notamment la version PHP3. Ce nombre est supérieur à celui des serveurs tournant sous Netscape Enterprise Server.

Active Server Pages (ASP) est un autre exemple d'outil dédié au web. Il facilite la génération de contenu dynamique et la conception d'applications pour le web. Développé par Microsoft, ASP fournit les avantages suivants lors du développement d'un site web :

- l'édition dynamique, la modification ou l'ajout de contenu dans une page web ;
- l'accès à des bases de données avec un retour des données résultats dans un navigateur ;
- le paramétrage des pages en fonction des préférences des utilisateurs ;
- l'obtention d'un niveau de sécurité élevé du fait que le code ASP n'est pas visible à travers le navigateur ;
- c'est un langage de script, donc interprété et permettant de créer des applications simples à développer et à modifier. Son environnement d'exécution est spécialisé pour les applicatifs Microsoft. Des environnements Unix, Linux et MacOS existent aussi.

Microsoft a intégré une notion de composant logiciel orienté web. Ces composants, appelés ActiveX, permettent d'étendre les possibilités des ASP et de partager des « connaissances fonctionnelles » entre plusieurs applications.

g) Les progiciels de gestion intégrée (PGI). Les logiciels peuvent être développés pour un utilisateur unique ou, au contraire, être conçus de façon générique pour répondre à des besoins standards. C'est pourquoi on utilise le terme de progiciel, concaténation de produit et logiciel. Tous les logiciels décrits dans les paragraphes précédents peuvent être qualifiés de progiciels. Une catégorie particulière mérite notre attention. Il s'agit des progiciels de gestion intégrée (PGI), appelés encore Enterprise Resource Planning (ERP), dont l'objectif est d'assurer la gestion de plusieurs domaines de l'entreprise à l'aide de modules intégrés. Plusieurs fonctions peuvent être assurées par des PGI :

- la finance (trésorerie, investissements, gestion financière, gestion des patrimoines, etc.) ;
- les ressources humaines (planification et gestion du personnel, paie, etc.) ;
- la production et la logistique (planification de la production, achats et stocks, transports, qualité, maintenance, etc.).

Techniquement, un PGI est composé d'un ensemble de programmes ou applications assurant l'interface entre un service (finance, ressources humaines ou autres) et une base de données centralisant toutes les données de ces fonctions.

Plusieurs raisons peuvent amener une entreprise à mettre en place un PGI. La stratégie et la compétitivité de l'entreprise par rapport aux concurrents représentent un facteur clé dans la décision. Des raisons technologiques liées aux systèmes disparates existants, au degré d'obsolescence de ces systèmes et à la qualité souvent médiocre des systèmes d'information en place, peuvent conduire l'entreprise à ce choix. L'entreprise souhaite aussi parfois anticiper des bénéfices résultant de la réduction des coûts des infrastructures technologiques existantes, de l'amélioration de la production, d'une meilleure gestion de la trésorerie et de gains de productivité.

Tout projet de PGI requiert la réalisation d'un cahier des charges qui intègre les contraintes d'environnement telles que l'entreprise et sa structure, l'existant, les évolutions souhaitées et les limites du projet. La spécification des besoins se fait en termes de métiers de l'entreprise et d'utilisateurs. Le cahier des charges doit aussi spécifier l'architecture du système et les applications. Il englobe aussi la définition des interfaces, notamment avec les logiciels existants.

La mise en place d'un PGI requiert une modélisation, parfois une reconfiguration, des processus de gestion de l'entreprise. Sa mise en œuvre peut être réalisée en une fois *(Big Bang)*. Dans ce cas, l'ensemble des applications est installé en même temps et en une fois sur tous les sites de l'entreprise. Il est toutefois recommandé de réaliser cette mise en œuvre en phases successives et, de préférence, en commençant par un site pilote. La démarche nécessite généralement cinq étapes. La première consiste à modéliser la structure existante. Les sites, les réseaux et les filiales de l'entreprise sont d'abord identifiés. On procède ensuite à l'identification de l'architecture de l'entreprise et des applications informatiques. La seconde étape est consacrée à la modélisation des processus cibles. Pour chaque processus, des modèles sont développés précisant le rôle des acteurs, les flux d'information, les flux de matières et les procédures organisationnelles. Le but de la troisième étape est d'identifier les écarts entre les besoins et l'offre du PGI. Il s'agit de connaître les fonctionnalités offertes en standard par le PGI, celles couvertes partiellement et, enfin, celles non assurées par le progiciel. La quatrième étape est dédiée au paramétrage. Pour chaque fonctionnalité, on détermine la liste des paramètres nécessaires et les actions à entreprendre pour mettre en œuvre le paramétrage proposé, par exemple un réapprovisionnement hebdomadaire. Enfin, la dernière étape est consacrée au déploiement. Ce dernier nécessite l'élaboration d'une liste des actions à réaliser avant la mise en place du progiciel, des mesures d'accompagnement et de conduite du changement, notamment la formation des utilisateurs.

Les principaux PGI sont SAP R/3, Oracle Applications, PeopleSoft, Baan IV. Ces progiciels possèdent les caractéristiques d'adaptabilité, d'efficacité, de portabilité, de robustesse, de sécurité et de fiabilité. Ils peuvent être couplés avec d'autres applications. Ainsi, SAP R/3 est utilisable dans différentes configurations client-serveur et systèmes distribués. Son architecture comprend un nombre illimité de serveurs et une grande variété de configurations matérielles. Il fonctionne sur la plupart des plates-formes : Unix, Windows NT et AS/400. Il fonctionne aussi avec plusieurs SGBD, notamment Oracle, DB2, Informix et Microsoft SQL Server. Il couvre les domaines de la finance, de la logistique et de la gestion du personnel. Son architecture ouverte facilite l'intégration de progiciels complémentaires, tels que la CAO, l'archivage optique et les applications Internet. Il peut être optimisé pour différents types de structures et d'organisations.

Le marché des produits ERP est dominé par SAP qui dispose d'une part de marché de 36 %. Oracle, PeopleSoft et Intentia Consulting avoisinent chacun les 8 %. Le marché des services représente 80 % du secteur. On y trouve toutes les grandes sociétés de services, notamment Cap Gemini, Accenture et Unilog.

On estime que le secteur des PGI représentera plus de 3 500 M€ en 2004. Le marché concerne avant tout les grands comptes pour leurs fonctions Finance et Ressources humaines, mais aussi pour la mise en place de plates-formes électroniques. Les évolutions prévisibles sont liées à la compatibilité avec Internet.

h) Les places de marché électroniques. Pour illustrer les nouvelles catégories de logiciels émanant de la généralisation d'Internet et de son usage dans les affaires, nous décrivons ci-dessous une catégorie particulière de sites web, les places de marché électroniques. Une place de marché électronique est une plate-forme informatique dont l'objectif est de faciliter les transactions sécurisées entre acheteurs et vendeurs, dans le but de réaliser des économies sur les approvisionnements. Des systèmes d'enchères inversées permettent aux clients de proposer un prix initial relatif à l'achat d'un produit ou d'un service. À noter que eBay est le plus important site d'enchères entre consommateurs. Les fournisseurs sont ainsi invités à proposer de réaliser la transaction au meilleur prix en un temps limité. Les places de marché offrent une valeur ajoutée du fait de l'intégration des systèmes d'information (SI) des acteurs, de la transparence et de l'échange de l'information. Il existe deux types de places de marchés : verticales, couvrant un secteur d'activité (tel E2Open initié par IBM, incluant notamment Ericsson, Motorola, Nokia, Philips et Toshiba pour l'équipement en matériel de télécommunications et en composants électroniques), et horizontales pour les domaines multisectoriels, comme GlobalNetExchange initié par Carrefour, Sears et Metro. Une place de marché peut être privée, avec un opérateur généralement leader sur son marché. C'est le cas par exemple de la société Dell. Elle peut être initiée par un consortium regroupant plusieurs concurrents d'un même secteur. C'est le cas de Covisint qui regroupe Ford, General Motors, Daimler-Chrysler et Renault-Nissan pour effectuer leurs achats auprès de plusieurs milliers d'équipementiers automobiles. Enfin, la plate-forme peut être neutre avec, comme opérateur, un tiers indépendant comme dans le cas de eSteel. Parmi les fonctionnalités offertes par les places de marché électronique, citons :

- l'accès rapide et aisé aux catalogues produits des fournisseurs. Ces catalogues sont actualisés en permanence et disposent de fonctions de recherche efficaces ;
- la gestion des commandes par voie électronique ;
- l'enregistrement automatique des écritures comptables conduisant à un meilleur contrôle analytique des dépenses et à une réduction du cycle d'achat ;
- les baisses de tarif du fait de la concentration des commandes ;
- l'appartenance des vendeurs comme des acheteurs à un annuaire virtuel ;
- la possibilité d'offrir ou de participer à des systèmes d'enchères ;
- la réalisation de transactions en temps réel et, plus généralement, l'accélération des relations commerciales.

Plusieurs études réalisées par des cabinets tels que Gartner, IDC et Goldman Sachs indiquent que le nombre de transactions sur les places de marché représente un chiffre d'affaires estimé aujourd'hui à 3 000 milliards de dollars et pourra atteindre 7 000 milliards de dollars en 2004. On estime que les coûts d'achats de produits diminuent de 5 à 10 %. Les coûts de stockage diminuent, quant à eux, de 25 à 30 %. Enfin, la durée moyenne de traitement d'une commande passe de sept à deux jours avec un coût de traitement diminuant de 100 à 30 $.

3. **Architectures logicielles.** – On parle *d'architecture logicielle* pour désigner les règles gouvernant la disposition, l'interaction et les dépendances entre les programmes composant un logiciel, mais aussi la localisation de ces programmes et des données utilisées sur les ordinateurs. Il n'existe pas de définition universelle. Dans cette problématique, on peut inscrire le concept de *client/serveur.* On parle d'architecture client/serveur dès qu'une application, ensemble de programmes, est répartie sur plusieurs ordinateurs. Ainsi, une application informatique comporte généralement trois types de tâches : la gestion des données utilisées ou produites par l'application, les traitements effectués sur ces données, l'interaction avec l'utilisateur. La répartition de ces trois tâches sur plusieurs ordinateurs conduit à différents types d'applications client/serveur. Classiquement, le client est l'ordinateur le moins puissant. Il est cependant plus convivial et donc chargé de l'interaction avec l'utilisateur. La gestion des données requiert des fonctions de sécurité, performance, etc., que les serveurs sont en général plus aptes à assurer. Les tâches de traitement peuvent être réparties sur les deux machines.

Les *architectures trois tiers* ou client/serveur à trois niveaux font intervenir au moins trois ordinateurs. Le client assure l'interface utilisateur, le serveur d'application assure la logique applicative, c'est-à-dire les traitements. Enfin, le serveur de données assure la gestion des données.

Le développement d'applications informatiques se fait de plus en plus sous la forme de composants appelés objets, qui peuvent être implantés sur différentes machines. L'OMG (Object Management Group) préconise l'architecture CORBA (Common Object Request Broker Architecture), fondée autour d'un bus logiciel, protocole permettant la communication entre objets répartis sur les différentes plates-formes matérielles. Les objets peuvent être exécutés sur n'importe quel type de plate-forme, dans n'importe quel langage. La communication entre les objets est rendue possible par l'utilisation d'un langage pivot appelé IDL (Interface Definition Language).

La complexité des architectures informatiques combinant matériel et logiciel requiert une démarche précise fondée sur des concepts rigoureux qui constituent dorénavant la discipline scientifique de l'informatique décrite dans le chapitre suivant.

Chapitre II

L'INFORMATIQUE – UNE DISCIPLINE

L'informatique, en France, a été reconnue tardivement en tant que discipline scientifique. En effet, ce n'est qu'au milieu des années 1960 que le CNRS initie des recherches dans ce domaine considéré jusque-là uniquement comme un problème industriel et stratégique, notamment à travers le plan calcul. Aujourd'hui, cette discipline est pleinement reconnue au CNRS qui en a fait un pôle (STIC pour Sciences et technologies de l'information et de la communication). Depuis 1967, l'IRIA, puis l'INRIA (Institut national de recherche en informatique et automatique) s'est donné comme objectif d'être le centre de recherche français dans le domaine. À l'université, l'informatique est une discipline au même titre que les mathématiques, la chimie, etc., et constitue une filière d'enseignement propre. Ainsi, outre l'outil décrit dans le chapitre précédent, l'informatique constitue une discipline scientifique incontournable dont nous décrivons ci-dessous les fondements.

I. – Les concepts de base

L'informatique utilise un grand nombre de concepts de niveaux d'abstraction différents, parfois empruntés à d'autres sciences ou disciplines. Nous présentons de façon succincte ceux qui nous semblent incontournables et constitutifs de la discipline informatique.

Donnée, information et connaissance. La mémoire de l'ordinateur stocke des *données* : 12, Arthur, sont des *données*. Mettre en relation ces *données* avec une réalité permet d'en faire des *informations* : « L'élève Arthur a 12 ans » est une *information*. En exploitant notre *connaissance*, on peut en déduire d'autres *informations*. On peut par exemple écrire un programme calculant l'année de naissance d'Arthur. Ce programme contiendra la règle de calcul qui est une *connaissance*. Plus généralement, toute règle d'expertise est une *connaissance*. Il n'est pas sûr toutefois que toutes les *connaissances* puissent être représentées au moyen d'un langage informatique.

Abstraction. Les différents éléments, *donnée*, *information* et *connaissance,* doivent être représentés en mémoire. Le processus permettant de passer de la réalité à une représentation simplifiée est appelé *abstraction*. Ce terme d'*abstraction* est à prendre dans les deux sens qu'il recouvre dans la langue naturelle : d'une part, une *abstraction* consiste à partir d'un objet concret vers une représentation de cet objet ; d'autre part, pour obtenir cette représentation, on simplifie cet objet, c'est-à-dire que l'on fait *abstraction* des caractéristiques non fondamentales.

Modèle de données. L'expression modèle de données est utilisée dans deux contextes. En programmation, elle désigne les abstractions utilisées pour décrire les problèmes : les graphes, les arbres, les listes, les ensembles sont des exemples de modèles. Dans la conception des bases de données, différents modèles de données sont utilisés pour représenter les informations à différents niveaux d'abstraction : modèle conceptuel, modèle logique, modèle physique. Ces trois niveaux sont décrits et illustrés dans la partie définissant les bases de données.

Structure de données. Une structure de données est une construction utilisée par les langages de programmation pour représenter les modèles de données. Par exemple, une structure de tableau peut être utilisée pour représenter un modèle de données tel qu'un arbre ou une liste. Un pointeur est une structure qui permet de stocker l'adresse mémoire d'une information. Ainsi, à l'aide de cette adresse, on peut « pointer » sur l'information.

Modèle et représentation des connaissances. Les connaissances, comme les données, peuvent être représentées à l'aide de modèles tels la logique, l'algorithmique, les arbres sémantiques.

Algorithme, programme, traitement. Un algorithme est la représentation abstraite de la solution informatique d'un problème. Plus précisément, un algorithmique est une spécification précise et non ambiguë d'une séquence d'étapes pouvant être exécutées de façon automatique. Ainsi, on peut écrire l'algorithme de réalisation d'une mousse au chocolat :

- mettre 250 g de chocolat dans une casserole ;
- faire chauffer en mélangeant jusqu'à ce que le chocolat soit fondu ;
- si le chocolat est amer, ajouter un peu de sucre ;
- etc.

Un programme est le résultat du codage d'un algorithme dans un langage informatique, obéissant à une syntaxe et une grammaire bien définies.

Plus généralement, on appelle traitement toute réalisation par un programme d'une tâche quelle qu'elle soit, par exemple le traitement de la paie.

L'algorithmique et ses concepts. L'écriture des algorithmes ne fait pas l'objet de normes unanimement reconnues. On parle encore de pseudo-langage. Toutefois, quelles que soient les conventions utilisées, on retrouve toujours les mêmes concepts : itération ou boucle ou répétition, alternative, récursivité. Un algorithme décrit la séquence des opérations à exécuter pour résoudre un problème donné. *L'itération*, ou boucle ou répétition, désigne l'action qui consiste à répéter plusieurs fois un même ensemble d'opérations. Par exemple, l'algorithme suivant est une forme de boucle :

<u>Tant qu'il</u> *reste des étudiants sans note*
<u>Faire</u>
Saisir note
Enregistrer note
<u>Fin tant que</u>

L'alternative permet de définir un ensemble d'opérations qui ne sont exécutées que sous condition :

<u>Si</u> la note saisie n'est pas comprise entre 0 et 20
<u>Alors</u>
Saisir note
<u>Sinon</u>
Enregistrer note
<u>Finsi</u>

Ces structures de contrôle peuvent être combinées et emboîtées les unes dans les autres pour résoudre des problèmes complexes. La *récursivité* n'est pas présente dans tous les langages de programmation. Elle permet de définir, comme la récurrence mathématique, la solution d'un problème par étapes successives. On écrit la solution du cas élémentaire, puis on écrit la solution du cas général en la ramenant au même problème à un niveau plus simple. Ainsi, toutes les fonctions définies mathématiquement par une relation de récurrence se prêtent parfaitement à une programmation récursive. Un algorithme récursif de calcul de la factorielle d'un entier peut être le suivant :

<u>Si</u> n = 0
<u>Alors</u>
factorielle = 1
<u>Sinon</u>
*factorielle = n * factorielle (n – 1)*
<u>Fin si</u>

Dans la plupart des cas, les relations de récurrence peuvent être programmées sous forme récursive ou sans récursivité. La solution récursive est toujours plus élégante mais parfois moins performante, car elle nécessite un espace mémoire souvent important. Toutefois, dans certains problèmes célèbres telles les tours de Hanoï, seule une solution récursive est possible.

Temps d'exécution, temps de réponse, cycle de base. Le concept de *temps* est fondamental en informatique. Le *cycle de base* du processeur, décrit plus haut, est une portion de temps ; il dépend de la fréquence de l'horloge. Le cycle de base est la durée de l'instruction la plus courte. Toute instruction nécessite un nombre entier de cycles de base. Le *temps d'exécution* d'un programme mesure le nombre de cycles de base total requis par celui-ci. Le *temps de réponse* du même programme mesure la durée écoulée entre le moment de lancement du programme et l'instant où les résultats parviennent à l'utilisateur. Il inclut les temps de transmission.

Décidabilité, calculabilité, complexité. Ces notions caractérisent la possibilité de résoudre un problème complexe à l'aide de l'informatique et, dans l'affirmative, de mesurer la complexité de la solution algorithmique. Ainsi, un problème tel « un nombre entier donné est-il premier ? » est *décidable* si l'on peut répondre à cette question de façon systématique. De la même façon, une fonction est *calculable* si l'on dispose d'une méthode de calcul ou d'un algorithme pour calculer les valeurs prises par la fonction. Pour tous les problèmes ayant une solution algorithmique, donc programmables, on peut définir la complexité de cette solution, autrement dit les ressources, notamment en temps, nécessaires pour le programme correspondant. Ainsi, si le tri d'un tableau de *n* éléments requiert *n* * *n* opérations, la *complexité* de la solution est dite *polynomiale*. Si, pour le même problème, on ne peut trouver que des algorithmes comportant de l'ordre de e^n opérations, le problème est dit *exponentiel*.

II. – Les fondements théoriques

Il est nécessaire de rattacher l'informatique, qui traite des données sous forme numérique, à ses fondements mathématiques. Toutefois, l'informatique présente la particularité importante de ne manipuler que des éléments finis. C'est pourquoi elle se rattache aux *mathématiques discrètes*.

La logique mathématique est l'une des théories les plus importantes à la base du développement de l'informatique. La logique à deux valeurs, fondée sur un ensemble de deux éléments (0 et 1, ou Vrai et Faux), définit les propriétés usuelles permettant d'évaluer à Vrai ou à Faux toute formule reliant des variables binaires au moyen d'opérateurs logiques (ET, OU, NON). Cette théorie est utilisée à différents niveaux de l'informatique. Au niveau de la structure de la machine, les circuits logiques sont construits à l'aide de portes ET, OU, etc. Ils mettent en œuvre l'algèbre de Boole, qui implémente la logique classique à deux valeurs. La logique est aussi utilisée pour écrire les preuves des programmes. Enfin, certains langages de l'intelligence artificielle, tel Prolog (programmation logique), sont une mise en œuvre, à un haut niveau d'abstraction, de la logique des prédicats. D'autres langages tentent de décrire des logiques plus complexes (à trois ou quatre valeurs, temporelles, floues, modales, etc.).

De nombreux domaines de l'informatique, notamment les bases de données et les langages de programmation, s'appuient sur la théorie des *ensembles*, des *re-*

lations et des *fonctions*. Ainsi, certains langages de programmation permettent la manipulation d'ensembles de données et reprennent les propriétés de l'appartenance, de l'intersection, de l'union et de la différence d'ensembles. De la même façon, les colonnes des tables de bases de données relationnelles sont considérées comme des ensembles de valeurs. Les tables elles-mêmes forment alors des relations mathématiques entre ces ensembles de valeurs. La notion de fonction est présente dans tous les langages de programmation pour représenter le calcul des fonctions mathématiques ou autres.

La théorie de l'information, proposée par Shannon en 1948, fournit une base mathématique pour mesurer l'information contenue dans un message. Dans la théorie de Shannon, l'information est vue sous l'angle de la communication. Shannon a donné, pour différents systèmes de cryptage, des estimations sur la quantité de texte codé qu'il fallait posséder pour espérer les casser, c'est-à-dire trouver les règles de codage. L'outil mathématique de base qu'il utilise s'appelle l'entropie. Elle peut être vue comme *« une mesure mathématique de l'information »* ; son calcul repose sur la théorie des probabilités.

La *théorie des probabilités* est aussi utilisée pour les problèmes qui sont généralement non décidables, mais pour lesquels on a, dans certains cas de figure, une solution avec une probabilité qu'elle soit correcte.

L'arithmétique est aussi très importante pour établir le codage des nombres en mémoire. Par exemple, l'arithmétique en virgule flottante définit le stockage des nombres en fonction de la précision souhaitée. L'arithmétique est aussi à la base de la plupart des méthodes de cryptage. On utilise les propriétés de la théorie des nombres, par exemple les nombres premiers, pour définir des systèmes de codage difficiles à « casser ».

L'architecture de l'ordinateur décrite dans le premier chapitre est calquée sur la machine abstraite de von Neumann. Une *machine abstraite* est un modèle mathématique fondé sur une algèbre pour traiter l'information. Ces machines s'appuient sur la théorie des *automates finis*, liés à la théorie algébrique des semi-groupes. La théorie des *automates finis* est utilisée aussi pour les algorithmes de traitement des chaînes de caractères. La *machine de Turing* est un autre exemple de machine abstraite fréquemment utilisée.

Les langages de programmation sont définis à l'aide de *grammaires*. Le compilateur du langage doit vérifier que tout programme est grammaticalement correct. Il contient les mots admis dans la grammaire et l'agencement de ces mots est syntaxiquement correct. La qualité d'un compilateur, outre ses performances, est liée à sa capacité à aller au-delà de la syntaxe, pour détecter des constructions qui, éventuellement, masquent des erreurs sémantiques *(warnings)*.

La *théorie des graphes* fait aussi l'objet de beaucoup d'applications informatiques. Un graphe est constitué d'un ensemble de sommets, ou nœuds, et de liens, appelés arêtes ou arcs, entre certains sommets. Un graphe peut être utilisé pour modéliser des structures complexes, des relations entre individus ou objets, ou encore un réseau de communication. Cette structure de graphe est utilisée au moins à deux niveaux. D'une part, dans les programmes, il est fréquent de représenter les données manipulées à l'aide de graphes. D'autre part, dans les méthodes d'informatisation, la plupart des formalismes utilisent les graphes pour représenter les processus dont on conçoit l'automatisation. Les arbres sont des structures de graphes particuliers, très utiles pour représenter les hiérarchies, qu'elles soient au niveau des programmes ou au niveau des données. En interne aussi, beaucoup de programmes systèmes comme les compilateurs ou les systèmes de gestion de bases de données utilisent des structures d'arbres ou de graphes. Ainsi l'analyseur syntaxique inclus dans tout compilateur parcourt un arbre décrivant la structure d'une phrase. Les index dans les bases de données relationnelles sont organisés en arbres.

III. – **Les méthodes**

Depuis plusieurs décennies, l'informatique a vu se développer une panoplie de méthodes générales ou spécifiques pour faciliter son déploiement dans l'organisation. Nous décrivons ici de façon synthétique ces méthodes en les calquant sur le cycle de vie d'un logiciel.

1. **Cycle de vie du logiciel.** – À l'image de l'étude d'un produit en marketing, on peut décrire le *cycle de vie d'un logiciel* depuis sa définition jusqu'à son éventuel abandon. Ainsi, on peut caractériser les différentes activités informatiques dans la définition, la mise au point, le lancement des logiciels et décliner les méthodes utilisées à chacune de ces phases.

Les principales étapes du cycle de vie d'un logiciel sont :

– *L'étude d'opportunité* a pour objectif de déterminer s'il est souhaitable pour l'entreprise de réaliser un nouveau système ou de modifier un système informatique existant. Elle doit délimiter les frontières de ce nouveau système, en faire une analyse économique succincte, une analyse des risques et étudier l'impact de ce système sur l'organisation, évaluer ses coûts, sa rentabilité, ses délais et plus généralement les ressources à mettre en œuvre et le planning correspondant.

– *L'expression des besoins* consiste à recueillir l'ensemble des desiderata des utilisateurs du futur système. Ces besoins, regroupés dans un cahier des charges, définissent les fonctions que le système doit accomplir ainsi que les performances souhaitées. On parle de spécifications fonctionnelles. Cette phase d'expression des besoins doit inclure un processus de sélection et de hiérarchisation si tous les besoins ne peuvent être pris en compte, soit parce qu'ils sont contradictoires, soit parce qu'ils dépassent le cadre défini lors de l'étude d'opportunité.

– *La conception du système*, généralement décomposée en conception générale et conception détaillée, a pour objectif la définition de l'architecture technique de l'application. À la fin de l'étape de conception, toutes les fonctions du logiciel sont spécifiées de manière formelle, les algorithmes principaux sont identifiés, les données sont modélisés et regroupés dans un dictionnaire des données. Les traitements et leur enchaînement sont définis. On décide, lors de cette phase, d'un découpage modulaire du logiciel pour en faciliter la réalisation et le déploiement selon une architecture logicielle.

– *La programmation ou codage* est la phase suivante de ce processus. Les fonctions du logiciel sont traduites dans un langage de programmation assimilable par l'ordinateur. Chaque programme est testé jusqu'à ce qu'il fournisse des résultats corrects. On parle de *test unitaire*.

– *L'intégration* permet de regrouper l'ensemble des programmes et modules et de les tester dans leur ensemble. On parle de *test d'intégration*. En cas de problème, la programmation est revue jusqu'à l'obtention d'un système satisfaisant l'ensemble des besoins.

– *L'installation* du logiciel, ou déploiement, est la phase au cours de laquelle on le met en place dans son environnement réel. Elle comprend encore une phase de test, visant à vérifier que le logiciel fonctionne correctement dans cet environnement. Elle inclut la formation des utilisateurs.

– *L'exploitation et la maintenance* assurent le fonctionnement du logiciel pendant toute sa durée de vie. On distingue la maintenance *corrective ou curative* qui répare les erreurs de programmation de la maintenance *évolutive* qui prend en charge les nouveaux besoins et les changements dans l'architecture matérielle ou logicielle. Dans certains cas, on met aussi en place une *maintenance préventive* permettant de détecter les erreurs avant qu'elles ne se produisent réellement.

À ces phases s'ajoutent des tâches transversales telles que la *gestion de projet*, la *gestion de configuration*, l'*assurance qualité* et la *documentation*.

– La *gestion de projet* a pour objectif la mise en œuvre du planning de réalisation du logiciel, le contrôle des ressources allouées, la gestion des moyens humains et matériels.

– La *gestion de configuration* a pour objectif de faire face aux évolutions que subissent les différents composants du logiciel. À l'image d'un produit résultant de l'assemblage de pièces, il faut établir et maintenir la nomenclature du logiciel.

– La *documentation* du système est présente dans toutes les phases du cycle de vie. Elle permet de consigner par écrit tous les choix effectués lors de la conception et de la mise en œuvre du logiciel. Elle contient la description de tous les objets manipulés dans le programme. Elle est indispensable à l'exploitation et à la maintenance du logiciel. On distingue la documentation technique à l'usage des concepteurs et développeurs, la documentation système à destination des informaticiens qui vont gérer l'application au jour le jour et la documentation utilisateur dont le but est de permettre et faciliter la prise en main du logiciel par l'utilisateur.

– La conception et le développement d'une application doivent répondre à des normes et standards que l'on consigne dans un plan qualité. L'*assurance qualité* vise au respect de ce plan.

2. **Les modèles du cycle de vie.** – La notion de cycle de vie d'un logiciel est utile à deux niveaux. À un premier niveau, elle visualise le fonctionnement réel des équipes de projet (Comment fait-on ?). À un deuxième niveau, elle préconise le respect de principes liés aux différentes phases (Comment doit-on faire ?). Ainsi, il existe différents modèles d'organisation des phases du cycle de vie. Le plus connu est le modèle en V, dérivé du modèle en cascade de Boehm (fig. 4). Le modèle en V a l'avantage principal de montrer les faiblesses inhérentes du processus de conception du logiciel, dans lequel les choix faits dès les phases initiales (conception globale) ne sont validés qu'à la fin (intégration). Les choix plus locaux (conception détaillée) sont validés plus tôt, lors des tests unitaires. Pour faire face à ces problèmes

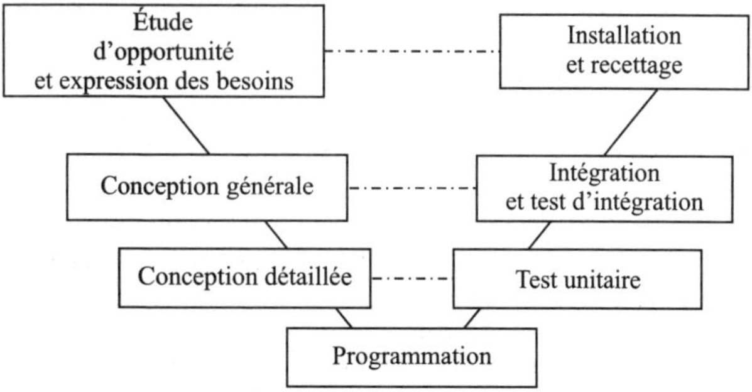

Fig. 4. – Modèle en V du cycle de vie

ainsi qu'à la prise en charge des changements inéluctables (des besoins, de l'architecture, etc.), des modèles plus flexibles, donc moins coûteux, ont été proposés : modèle en W, en spirale, en Y.

3. **Les méthodes standards.** – Pour chaque phase du cycle de vie, des méthodes spécifiques peuvent être appliquées. *L'étude d'opportunité* peut s'inscrire dans le cadre du schéma directeur pour lequel des méthodes d'aide à l'élaboration, telle RACINES, peuvent être utiles. Elles permettent de générer des scenarii d'informatisation à partir des besoins de l'entreprise, de ses ambitions stratégiques, des forces et des faiblesses de son informatique et de ses domaines d'activité privilégiés. L'étude d'opportunité requiert aussi une évaluation économique et financière du futur système menant à une estimation de la rentabilité. Des méthodes d'estimation des coûts et des durées de réalisation des projets d'informatisation sont nécessaires. Citons à ce propos la méthode COCOMO (COnstructive COst MOdel) de Boehm et celle des points de fonction d'Albrecht. Enfin, l'analyse de l'existant peut être une phase importante de l'étude d'opportunité. Un audit rapide, dit de survol, peut être réalisé à l'aide des méthodes COBIT (Control OBjectives for Information and related Technologies) ou INFAUDITOR (décrites au chapitre III).

La phase d'expression des besoins, parfois appelée aussi analyse des besoins, est assurée par des méthodes telle SA/SD (Structured Analysis / Structured Design) qui offrent des modèles de représentation des besoins en termes de données à gérer par le système ou encore de fonctions à effectuer. Ces méthodes ont donné naissance à plusieurs outils (Rhapsody, CARE).

La conception est généralement réalisée à l'aide de méthodes de type MERISE, SADT ou UML.

MERISE distingue la représentation des données et celle des traitements. Pour les données comme pour les traitements, MERISE propose trois niveaux d'abstraction différents. Au niveau conceptuel, on représente les données sous forme d'*entités* (client, commande, facture, etc.) et de *relations* entre ces entités (un client passe une commande, à chaque commande correspond une facture, etc.). Au niveau logique, ces mêmes concepts sont répartis dans des tables relationnelles (par exemple, une table Client, et une table Commande reprenant, pour chaque commande, le numéro du client). Au niveau physique, on ajoute des aspects plus techniques comme un index permettant de retrouver toutes les commandes d'un client à partir de son numéro. De même, on peut, à chaque niveau, spécifier les traitements nécessaires pour gérer ces données et les restituer. UML (Unified Modeling Language), fondée sur une démarche objet, traite de façon globale les données et les traitements. La même commande est vue comme un objet comportant une partie statique (numéro de commande, date, montant, etc.) et une partie dynamique appelée comportement de l'objet qui définit les programmes nécessaires pour la gestion de l'objet (ajout de commande, recherche du montant de la commande, etc.). Ces méthodes peuvent utilement être mises en œuvre à l'aide d'outils appelés ateliers de génie logiciel (AGL), tels que MEGA, Power Designer, Rational Rose, Designer 2000.

La phase de programmation s'effectue à l'aide de méthodes de programmation structurée, dont le principe est de diviser un programme en sous-programmes, afin d'en gérer la complexité. Les méthodes formelles ou semi-formelles de conception de programmes imposent une première formalisation du programme sous forme mathématique. L'écriture du code dans le langage de programmation choisi est ensuite confrontée à cette spécification formelle pour une première validation du programme. Ainsi, la programmation structurée se préoccupe d'abord de la logique du traitement traduite en algorithme. Plus récemment, la programmation orientée objet se concentre sur les données manipulées par le programme auxquelles elle associe les briques de programmes nécessaires à leur traitement.

La phase de test est elle aussi assistée de méthodes. Celles-ci s'apparentent à deux familles. Les tests en boîte noire, ou tests fonctionnels, sont conçus avant l'écriture du programme. Ils définissent un ensemble de cas à faire traiter par le programme avec le résultat attendu dans chaque cas. Ainsi, ils sont indépendants de la structure du programme. Les tests en boîte blanche, ou tests structurels, sont construits au vu de la structure du programme. Ils visent à s'assurer que chaque chemin possible dans le parcours du programme est bien vérifié. En général, on combine ces deux approches de test pour maximiser le nombre d'erreurs détectées avant la mise en exploitation du programme.

La maintenance du système est la phase qui couvre toute la durée d'exploitation du système. Les études statistiques montrent que, plus l'effort de conception et de développement du système a été fructueux, moins la maintenance sera coûteuse. En effet, plus la qualité de la programmation est assurée, moins le système requerra de maintenance curative. De même, plus la conception aura permis d'anticiper les besoins, moins la maintenance évolutive sera sollicitée. La maintenance peut être facilitée à l'aide de méthodes et des outils associés.

Pendant toute la durée de *l'exploitation* du système, il doit exister une évaluation de celui-ci, qui consiste en un audit, avec les méthodes citées plus tôt, visant à s'assurer que le système répond toujours aux besoins, en termes d'efficacité, de performance, de convivialité, de fiabilité, d'adéquation aux besoins des utilisateurs, etc.

La tâche transversale de *gestion de projet* s'appuie sur les méthodes de conduite de projet qui reprennent les concepts classiques des projets industriels (par exemple les graphes PERT) ainsi que sur les logiciels associés (MS Project, PSN8).

IV. – **Les domaines de spécialité**

La discipline Informatique est maintenant très structurée et fait donc l'objet de domaines de spécialité. Nous décrivons ci-dessous les principaux domaines de spécialité en explicitant la problématique liée à ces domaines ainsi qu'un bref état de l'art.

1. **Réseaux et télécommunications.** – Les réseaux informatiques permettent à des groupes d'individus de partager des informations et des services. En effet, relier des ordinateurs via un réseau informatique permet à tous les utilisateurs d'avoir recours à toutes les ressources (temps de calcul, imprimantes, logiciels, données, etc.). Un réseau local est en général interne à une entreprise alors que les réseaux grandes distances peuvent relier des villes, voire des pays. Les technologies sous-jacentes sont très différentes. Toutefois, les protocoles de communications s'appuient souvent sur des standards communs.

Le partage d'un service sur un réseau nécessite une liaison physique entre les ordinateurs. La puissance de cette liaison ou débit est mesurée en largeur de bande. On distingue les liaisons par câbles des liaisons sans fil. Les liaisons par câble comprennent les techniques les plus anciennes, de la paire torsadée au câble coaxial, et des techniques plus modernes telle la fibre optique. Elles diffèrent en termes de fiabilité, de portée (en moyenne 90 m pour les paires torsadées, jusqu'à 500 m pour les câbles coaxiaux, plusieurs kilomètres pour les fibres optiques) et de capacité (de 4 méga-bits pour certaines paires torsadées à 2 giga-bits pour les fibres optiques). Les liaisons sans câble transmettent des signaux électro-magnétiques sans utiliser de conducteur électrique ou optique. Parmi les techniques utilisées, citons les infrarouges, les ondes radio, les micro-ondes. Leur débit est compris entre 2 et 10 méga-bits par seconde. Le choix d'un type de liaison doit prendre en compte : le coût du support de transmission, son extensibilité, sa largeur de bande, l'atténuation du signal et les éventuelles interférences.

Pour fonctionner correctement, un réseau informatique doit comporter un ensemble de matériels spécifiques. Chaque ordinateur présent sur le réseau doit comporter une carte réseau. C'est le périphérique qui contrôle le flux d'information entre l'ordinateur et le réseau. Tous les câbles d'un réseau se rejoignent dans un concentrateur, ou *hub*. Pour les réseaux câblés, les répéteurs permettent de réamplifier à différents points les signaux transmis. Les ponts permettent d'interconnecter des segments de réseaux à un niveau physique. Ils supposent que lesdits réseaux soient de même type. Les routeurs sont des connecteurs à un niveau supérieur. Ils permettent donc de relier des réseaux de nature différente. À l'arrivée d'un message, le routeur détermine le segment de réseau vers lequel il est préférable d'acheminer ce message. Les passerelles permettent une interconnexion de haut niveau entre deux réseaux, de sorte que deux ordinateurs situés sur l'un et l'autre des réseaux communiquent de façon transparente. Les commutateurs sont des dispositifs assurant une relation directe privilégiée entre deux ordinateurs du réseau, pour éviter la diffusion d'informations vers des ordinateurs non concernés, de manière à éviter la saturation du réseau. Les multiplexeurs sont utilisés pour combiner différentes informations (voix, données, images) sur un même support de transmission simultanément.

Il existe différents modes d'agencement des ordinateurs entre eux, on parle alors de topologie de réseau. Ainsi, on peut organiser les ordinateurs en bus, en étoile, en anneau. Dans un réseau en bus, les ordinateurs sont tous reliés au même câble, appelé épine dorsale ou *backbone,* via des câbles de liaison et des connecteurs. Dans un réseau en étoile, tous les ordinateurs sont reliés à un concentrateur central. L'anneau est une structure de bus circulaire. Ainsi, tout réseau local est une composition de ces différentes topologies. Le plus souvent, une entreprise utilise une structure principale de bus auquel sont rattachées différentes étoiles.

À l'origine le réseau local le plus répandu était le « Token ring », ou anneau à jetons, lancé par IBM dès 1984. Le jeton est un signal qui régule le flux d'informations dans le réseau. Seul l'ordinateur qui détient le jeton peut émettre. Le jeton circule dans un seul sens. L'architecture Ethernet est la plus utilisée de nos jours. Elle fonctionne sans jeton. Deux ordinateurs peuvent envoyer simultanément des informations. S'il se produit une collision, les informations sont retransmises plus tard. C'est la méthode d'accès CSMA/CD (Carrier Sense Multiple Access / Collision Detection) qui régit cette communication. Avant d'émettre, un ordinateur écoute le canal. S'il est libre, il émet tout en continuant d'écouter le canal. S'il y a tout de même collision, les deux ordinateurs se taisent, puis après un temps aléatoire, donc différent pour chaque ordinateur, ils renouvellent leur tentative d'émission. Sur ce principe, la probabilité d'avoir la possibilité de transmettre croît sauf en cas de surcharge du réseau. Les réseaux Ethernet ont une topologie en bus ou en étoile. La nomenclature IEEE permet de préciser les caractéristiques des différentes versions d'Ethernet. Un Ethernet 10Base2 qualifie un réseau à 10 Mbits par seconde pour un segment de 200 m maximum. Ainsi les réseaux 10b2 et 10b5 sont construits à l'aide de câbles coaxiaux et organisés en bus. Les plus répandus sont maintenant en étoile : 10bT pour 10 Mbps en paire torsadée (T pour Twisted Pair), 10bFB pour 10 Mbps en fibre optique (B pour backbone). Le dernier né des réseaux Ethernet est le Gigabit Ethernet qui offre une bande passante d'un gigabit par seconde. Un des problèmes majeurs devient dès lors l'interconnexion de réseaux offrant des vitesses très différentes, obligeant aux contrôles de flux et à la gestion d'une accumulation d'informations à certains nœuds de transfert, telle une sortie d'autoroute à laquelle on trouve un système de feux tricolores. Les réseaux FDDI et ATM sont qualifiés de réseaux à haut débit. Ils sont multimédia, dans la mesure où ils peuvent transmettre aussi bien des voix, des données ou des images. Ils permettent des débits supérieurs à 100 Mbps. Ils utilisent principalement la fibre optique. Enfin, ils sont destinés autant aux réseaux locaux qu'aux réseaux à grande distance. Les réseaux FDDI (Fiber Distributed Data Interface) sont des anneaux à jeton, généralement en fibre optique, qui transmettent principalement des données. Les réseaux ATM (Asynchronous Transfer Mode) sont bâtis sur un protocole résultant de la fusion des systèmes téléphoniques et des applications informatiques. Ils sont aussi faits de paires torsadées ou en fibre optique. Les débits sont de 25 Mbps à 600 Mbps.

Pour définir la communication entre ordinateurs, une architecture théorique a été définie. L'architecture OSI (interconnexion des systèmes ouverts) décrit toute communication comme pouvant être caractérisée à sept niveaux différents appelés couches (fig. 5). La couche *physique* définit comment les bits d'information circulent au sein du réseau. La couche *liaison* travaille sur des suites de bits appelées trames, dont elle doit assurer le transfert via le réseau. Outre les bits d'information, elle envoie des bits de contrôle pour permettre la détection et la correction d'éventuelles erreurs de transmission. La couche *réseau* transporte des paquets d'information. Un paquet définit l'empaquetage des trames. Il contient, outre les informations propres aux trames, l'adresse de son destinataire. La couche réseau prend en charge le routage des paquets avec éventuellement des problèmes de relais entre réseaux. Cette couche assure aussi le contrôle de flux, en évitant les em-

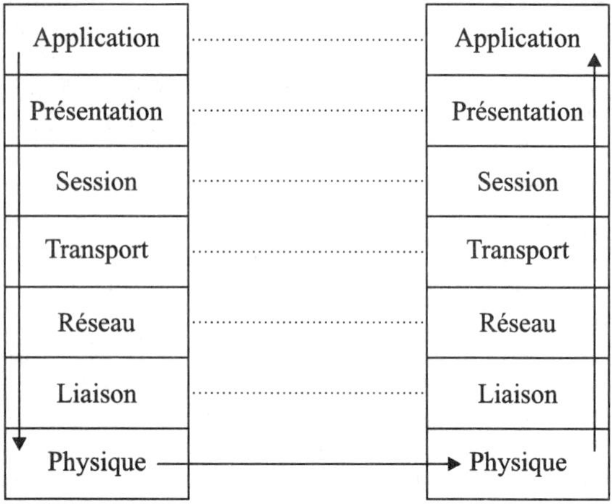

Fig. 5. – Les sept couches de l'architecture OSI

bouteillages de paquets dans le réseau. La couche *transport* est la dernière couche qui s'occupe de l'acheminement de l'information dans le but de compléter les couches précédentes. Elle assure un transfert de données transparent, indépendant de la succession des informations transmises, mais assurant l'optimisation des infrastructures. La couche *session* fournit les services nécessaires à l'établissement d'une connexion, à son maintien le temps nécessaire et à sa libération, une fois le service de transport effectué. La couche *présentation* est responsable de la syntaxe des données qui sont communiquées via le réseau. Elle assure le formatage des messages, éventuellement le cryptage et/ou la compression des données. La couche *application* se place au niveau sémantique. Elle échange des informations entre deux programmes, par exemple deux logiciels de messagerie différents.

Pour établir la communication, quel que soit le niveau concerné, de nombreux protocoles ont été définis. Les protocoles décrivent à la fois le langage utilisé et le mode d'interaction (qui parle ? comment passe-t-on la parole à l'autre interlocuteur ? comment signale-t-on qu'on a fini de parler ?, etc.) Au niveau physique, la norme X21 du CCITT (Comité consultatif international téléphonique et télégraphique) définit l'interface entre un équipement terminal, un ordinateur, un routeur, etc., appelé ETTD (équipement terminal de traitement de données) et un nœud de raccordement au réseau, un commutateur, un multiplexeur, appelé ETCD pour équipement terminal de contrôle de données. Au niveau liaison, le protocole PPP (Point to Point Protocol), dérivé de HDLC (High level Data Link Control), permet d'indiquer le type des informations transportées, ce qui est particulièrement utile par exemple pour l'accès au réseau Internet qui est multiprotocole. La norme X25 permet au niveau de la couche réseau de spécifier une interface d'accès au réseau. Elle couvre en réalité les trois premières couches OSI. Elle inclut la norme X21 au niveau physique et HDLC au niveau liaison. Elle spécifie de plus le format d'un paquet de données. TCP/IP est un ensemble de deux protocoles : IP (Internet Protocol) prend en charge la transmission de blocs de données entre deux machines identifiées par une adresse logique, souvent appelée adresse IP. Cette adresse codée sur 32 bits assure l'indépendance vis-à-vis de la machine physique et de l'application. Elle est habituellement écrite sous la forme de 4 octets codés en décimal et séparés par des points : 128.3.255.12. TCP (Transmission Control Protocol) est un service de transport fiable. Il découpe puis rassemble les messages en paquets. Il utilise une connexion par validation en trois temps : l'application A transmet une demande de connexion, puis l'application B lui envoie un accusé de réception. Enfin, A transmet à B un accusé de réception. Suite à cette séquence de trois échanges, les deux machines sont synchronisées et peuvent commencer à communiquer.

L'administration de réseau est une tâche complexe. Elle a pour but d'assurer un fonctionnement optimal du réseau, d'en garantir la sécurité et la fiabilité, de gérer les équipements redondants nécessaires à la mise en place de parades en cas de pannes. L'administrateur réseau dispose d'un ensemble d'outils, notamment des outils de mesure et d'analyse du trafic sur le réseau, de repérage et d'enregistrement des incidents.

2. **Bases de données (BD).** – Dans les années 1960, le processus d'informatisation était fondé sur le fait que les données étaient stockées dans des fichiers. Les problèmes de dépendance entre données et pro-

grammes, de redondance et de sécurité ont conduit à l'éclosion d'une nouvelle technologie, celle des bases de données. La première génération de bases de données dites navigationnelles (hiérarchiques et réseaux) permettait la représentation externe des données sous forme de graphes ou arbres. C'est le cas notamment des SGBD IMS/DL1 d'IBM pour les systèmes hiérarchiques et d'IDMS de Cullinet pour les systèmes réseaux, dont beaucoup sont encore en service dans le monde. Ces systèmes efficaces n'offraient pas de flexibilité, ni d'indépendance physique (indépendance entre la vision externe des données et leur représentation interne). Leur manipulation supposait la connaissance complète de l'organisation interne des données, ce qui en limitait l'usage aux seuls programmes écrits par des informaticiens. Aucune utilisation interactive n'était aisée. En 1970, Codd proposa le modèle relationnel dont les SGBD les plus représentatifs sont Oracle, DB2, Sybase, Informix et Access sur les micro-ordinateurs. Toutes les données sont stockées dans des tables. La redondance de colonnes clés permet d'établir des liens entre ces tables. Par sa simplicité, ce modèle offre la possibilité d'exprimer les requêtes utilisateurs sous forme déclarative à l'aide du langage SQL (Structured Query Language). Le développement de la technologie des bases de données concerne aujourd'hui le web, le multimédia, l'objet, le temps, le parallélisme, les données multidimensionnelles et aussi des domaines d'application dans lesquels les données ont une structure particulière, tels les systèmes géographiques, les bases documentaires, etc. La modélisation des bases de données concerne aussi bien la conception, la compréhension, la structure et la description du monde réel concerné à travers le développement de schémas définis à différents niveaux d'abstraction. Des méthodes de type Entité/ Relation ou UML

(Unified Modeling Language) guident le concepteur dans la réalisation de ces schémas. On considère qu'il existe trois niveaux : conceptuel, logique et physique. Le schéma conceptuel permet d'obtenir une représentation abstraite des données, indépendante de toute considération d'implémentation. Le schéma logique est obtenu par transformation du schéma conceptuel de manière à l'adapter au SGBD sous-jacent, généralement relationnel. Le schéma physique traduit l'implémentation du schéma logique de manière à optimiser le stockage et les performances (temps d'accès). Le domaine traditionnel d'application des SGBD est celui de la gestion. Désormais, d'autres domaines sont aussi « touchés » par cette technologie : conception assistée par ordinateur, systèmes d'information géographiques, bibliothèques di-

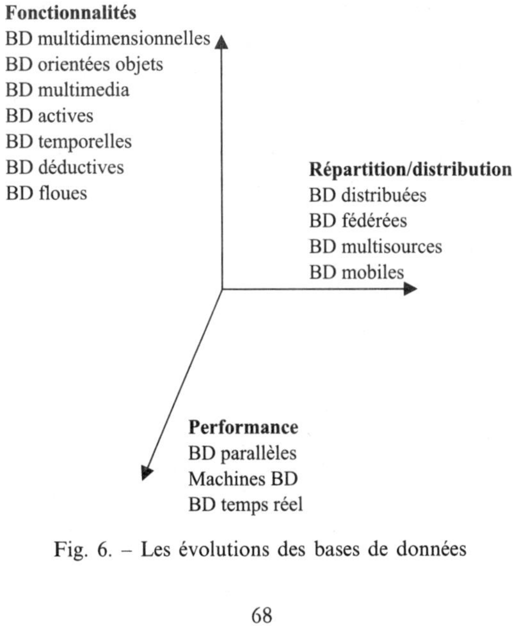

Fig. 6. – Les évolutions des bases de données

gitales, imagerie médicale, applications scientifiques, formation. L'évolution de cette technologie se fait donc en intégrant les aspects spécifiques liés à ces nouveaux besoins ainsi que les tendances générales de l'informatique, notamment les réseaux. On peut donc classer les évolutions suivant les trois axes ci-contre (fig. 6).

Dans les prochaines années, certains volumes de données stockées dans les bases de données atteindront les téra-octets ou même les penta-octets. Le problème des performances redevient critique. Les BD parallèles où la mémoire et les espaces disques sont partagés permettent une amélioration de ces performances. Dans certains systèmes, notamment embarqués ou mobiles, le temps de réponse est crucial. C'est le domaine des BD temps réel. Enfin, les machines BD (Teradata par exemple), dans lesquelles les données résident presque totalement en mémoire centrale et/ou les opérateurs relationnels (jointure de tables, etc.) sont codés sous forme de circuits intégrés, existent depuis le milieu des années 1980.

L'extension des réseaux d'entreprise impose de plus en plus la répartition des données sur plusieurs sites. Il existe donc des BD multisites que l'on peut fédérer. Les BD mobiles représentent des systèmes distribués dont les sites changent de manière dynamique.

Pour prendre en charge les nouveaux besoins, de nouvelles fonctionnalités ont été ajoutées aux BD traditionnelles. Ainsi, les BD actives contiennent des programmes de contrôle des données représentés sous forme de règles régissant les données. Ces règles sont déclenchées automatiquement lors des mises à jour de la BD. Les BD déductives enrichissent les données stockées par une connaissance complémentaire, évitant des surcharges de tables. Par exemple,

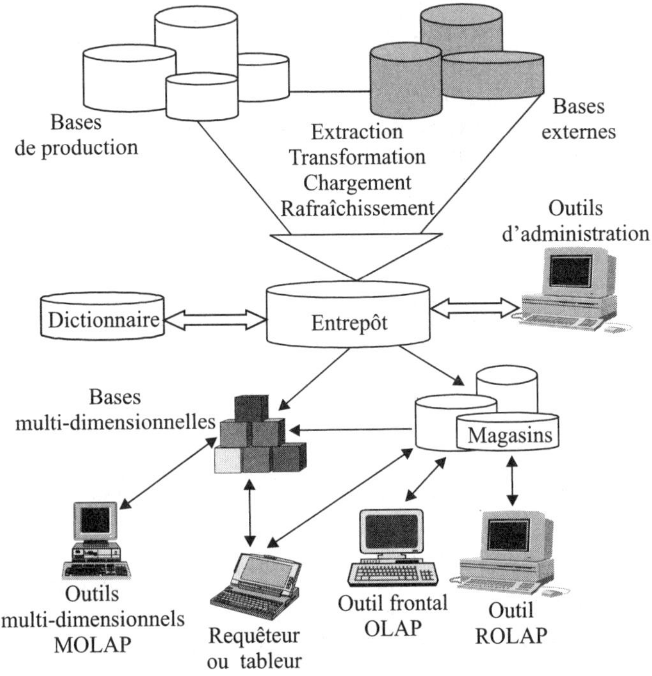

Fig. 7. – Architecture d'un entrepôt de données

on stocke les relations de parenté et on écrit la règle de déduction des grands-parents. Les données incertaines peuvent être prises en charge dans des systèmes de BD floues. Pour les applications d'aide à la décision, les BD multidimensionnelles permettent la représentation des données quantitatives, par exemple une vente, selon un grand nombre de dimensions : la vente d'un produit à un client par un vendeur à une date dans une région est une donnée à cinq dimensions au moins.

Les entrepôts de données *(data warehouses)* sont précisément des bases de données dédiées à la décision. Les données issues des bases opérationnelles y sont agrégées, répertoriées et historisées pour l'usage des différents décideurs, par métier. La problématique de gestion des données est différente : les techniques de mise à jour sont largement simplifiées dans la mesure où l'entrepôt est rafraîchi de façon régulière et non pas modifié en temps réel. À l'inverse, les outils d'interrogation et d'analyse sont sophistiqués pour permettre l'aide à la décision. L'architecture type d'un entrepôt de données est résumée à la figure 7.

Les magasins de données *(data marts)* représentent un sous-ensemble des données de l'entrepôt, propres à un domaine, par exemple le marketing. Dans de nombreux cas, les entreprises commencent par la conception d'un magasin, puis d'un autre afin de faciliter la mise au point de l'entrepôt de données qui est censé centraliser l'ensemble des données de décision. À ce titre, il comprend, outre les informations issues des bases opérationnelles, ou bases de production, des données acquises ou achetées à l'extérieur (bases externes). L'ensemble de ces données est référencé dans un dictionnaire. La maintenance et la gestion de l'entrepôt sont assurées par un administrateur au moyen des outils adéquats. L'alimentation de l'entrepôt comprend les étapes suivantes : l'extraction des seules données utiles depuis les bases de production ou les bases externes, la transformation de ces données en vue de leur harmonisation au sein de l'entrepôt (format, précision, renommage, etc.), leur chargement, et enfin, de façon répétitive, à intervalles réguliers, le rafraîchissement de ces données. Pour ces opérations, il existe des logiciels spécifiques (on parle d'outils ETL pour Extract, Transform, Load). Les SGBD utilisés pour l'entrepôt sont soit multidimensionnels, soit relationnels. L'interrogation de ces données se fait au moyen d'outils spécifiques, appelés outils OLAP (On-Line Analytical Processing), adaptés au mode de représentation des données (ROLAP pour relationnel ou MOLAP pour multidimensionnel). La représentation sous forme relationnelle des données décisionnelles conduit à la définition de structures de tables particulières : les tables de faits contenant les données quantitatives à analyser et les tables de dimensions pour stocker les axes d'analyse (temps, produit, lieu, etc.). L'agencement de ces ensembles de tables respecte un des modèles standards. Ainsi, le modèle en étoile représente une table de faits centrale reliée à un ensemble de tables de dimensions. Le modèle en flocon agence les tables de dimensions de façon hiérarchique (le long de l'axe temps, on trouve plusieurs tables regroupant les données par jour, mois, année, etc.). La définition de l'entrepôt suppose le choix d'un niveau d'agrégation des données. Stocker les données sous la forme la plus élémentaire (par exemple, l'article balle de tennis vendu au client Mikaël Wattiau par le magasin 132 le samedi 15 juin 2002 à 12 h 30, payé par carte bleue, etc.) conduit à un volume très important mais permet des analyses fines. À l'inverse, stocker les données sous une forme agrégée interdit certaines analyses. La représentation sous forme multidimensionnelle (cube ou hypercube) facilite la mise au point d'analyses des mêmes données selon différents axes.

Le *data mining,* ou fouille de données, constitue un ensemble de techniques permettant à l'utilisateur d'accéder aux données de l'entreprise et de les analyser. Parmi les techniques les plus utilisées, citons les réseaux de neurones, les arbres de décision, l'extraction de règles, l'analyse statistique, l'analyse de données. L'objectif est de rechercher et trouver des corrélations, de segmenter une population en groupes homogènes, de détecter des écarts et des anomalies, de prédire des tendances et des comportements. La démarche de *data mining* comporte les étapes suivantes : compréhension du domaine et des données, préparation et modélisation des données, évaluation et déploiement. Les principaux domaines d'application sont la grande distribution et la vente par correspondance (analyse du comportement du consommateur), l'industrie pharmaceutique (modélisation comportementale des médications), la banque (analyse du comportement des clients), l'assurance (modèles de sélection et de tarification), l'aéronautique (contrôle qualité), les transports (optimisation des tournées), les télécommunications (simulation de tarifs).

3. **Langages – Génie logiciel – Algorithmique.** – Si les performances des matériels informatiques se sont considérablement accrues (la loi de Moore, du nom du scientifique qui l'énonça en 1965, stipule que la puissance des processeurs double à peu près tous les dix-huit à vingt-quatre mois, cette loi s'avère toujours valide), les performances des logiciels n'ont pas suivi du tout la même courbe. Bien sûr, le même logiciel exécuté sur une machine plus puissante donnera un temps de réponse meilleur. Toutefois, on n'est pas en mesure, au XXIe siècle, de produire des programmes en quantité et en qualité réellement supérieurs à ceux écrits par les premiers informaticiens. Le *génie logiciel* vise à étudier tous les aspects qui vont permettre d'améliorer et de systématiser cette nouvelle science de l'ingénieur.

Ainsi, la définition de langages de programmation plus adaptés aux besoins, plus efficaces, plus faciles d'utilisation et plus souples, devrait favoriser la production de logiciels fiables. On a coutume de classer les langages de programmation par génération. La première génération concerne les langages machines binaires, dans lesquels le programme est une suite de 0 et de 1, compréhensible par le processeur et donc exécutable. La deuxième génération comprend les langages d'assemblage ou assembleur. Dans ces langages, chaque instruction est définie à l'aide d'un code mnémonique tel LDA pour « charger le registre accumulateur ». Les instructions sont suivies des adresses mémoire dans lesquelles le processeur doit « aller chercher » ou, au contraire, « déposer » les valeurs servant de base au calcul. L'assembleur est le programme qui va traduire chaque code mnémonique en son équivalent binaire compréhensible par le processeur. Ce sont donc des langages de bas niveau qui nécessitent une excellente connaissance du fonctionnement du processeur et de ses registres. De plus, ces langages présentent l'inconvénient majeur d'être étroitement liés à un processeur donné. Toute portabilité est donc bannie : on ne peut, en aucun cas, réutiliser un programme assembleur écrit pour un processeur A avec un processeur B. Ces deux inconvénients ont conduit les spécialistes du génie logiciel à développer des langages plus évolués et plus portables. C'est la troisième génération des langages dits évolués ou structurés, ou encore impératifs, ou encore procéduraux. Ces termes ne sont pas tous synonymes, ils vont donc recouvrir des réalités aussi différentes que les langages COBOL et FORTRAN des années 1950, qui ne peuvent être qualifiés de structurés même s'ils sont bien plus évolués que les assembleurs. Dans les programmes évolués mais non structurés, on utilise des instructions de rupture de séquence (les fameux « GOTO ») qui autorisent le programmeur à définir des sauts d'instructions, des traitements répétitifs, sans aucune limite. Ces programmes sont peu lisibles, difficiles à mettre au point, impossibles à maintenir par d'autres personnes que leur créateur. C'est pour pallier ces difficultés que l'on définira ensuite des langages plus structurés (Algol, PL/1, Pascal, Basic). La quatrième génération désigne des langages plus spécifiques et plus conviviaux, comme SQL (Structured Query Language) ou QBE (Query By Example) pour l'interrogation des bases de données relationnelles. Ces langages, outre leur convivialité accrue, ont l'avantage d'être assertionnels et non procéduraux. Plus précisément, le programme ne décrit pas une suite d'instructions à exécuter, mais définit les caractéristiques du résultat attendu. À titre d'exemple, la recherche procédurale de la liste des étudiants de plus de 25 ans s'écrirait :

```
Ouvrir le fichier étudiant
Tant qu'il y a des étudiants à traiter
        Lire l'étudiant
                Si son âge est supérieur à 25
                Alors afficher son nom
                Fin si
        Passer au suivant
Fin tant que
Passer au suivant
```

La même recherche écrite en SQL donne :

SELECT nom FROM etudiant WHERE age < 25.

C'est un langage ensembliste : il renvoie un ensemble de noms d'étudiants vérifiant la condition. On considère plus généralement que cette quatrième génération comprend les langages de requêtes (tel SQL), les langages de génération de rapports, les langages graphiques, les générateurs d'application, les langages de programmation de très haut niveau, les progiciels et les utilitaires. Enfin, on définit la cinquième génération comme englobant les langages de l'intelligence artificielle (Prolog, LISP, etc.) dans lesquels la description des tâches à effectuer se veut encore plus évoluée.

Vers les années 1980, on constate que, malgré la mise à disposition de langages structurés, il n'est toujours pas aisé d'écrire et surtout de modifier des programmes corrects et fiables. C'est à cette époque que vont émerger deux nouveaux styles de programmation qui se recouvrent partiellement et pour lesquels de nouveaux langages vont apparaître. Il s'agit d'une part de la programmation orientée objet, dans laquelle on construit les structures de données nécessaires au programme ainsi que les briques de code qui gèrent ces structures. Une brique ainsi définie, comprenant une structure de données et un ensemble de procédures et fonctions de gestion de cette structure, est appelée objet. Un objet peut ainsi être conçu, développé et testé de façon autonome. Chaque programme sera ensuite construit comme un assemblage d'objets. L'idée sous-jacente est que la mise au point de briques de code correctes et fiables, suivie de leur assemblage doit conduire à des programmes corrects, faciles à mettre au point et à maintenir. À titre d'exemple, citons les langages Smalltalk, C++ et Java. Le second style de programmation est appelé programmation événementielle (illustrée par exemple dans Visual Basic). Au lieu d'écrire un programme qui décrit, du début à la fin, l'ensemble des actions à effectuer, on définit la liste des événements possibles, puis on programme la réaction du système à chacun de ces événements. Par exemple, dans un programme de paie, l'ensemble des événements peut être le suivant :

- embauche d'un nouvel employé ;
- promotion d'un employé ;
- déclaration par un employé d'heures supplémentaires ;
- on est le 25 du mois (date de virement des paies) ;
- départ d'un employé ;
- etc.

On écrira un programme pour prendre en charge chacun de ces événements. L'avantage principal est que l'écriture du programme est naturellement ramenée à la mise en place de modules plus petits, donc plus faciles à écrire et à modifier. Ainsi, on voit que l'évolution des langages a toujours le même objectif : faciliter l'écriture et la mise à jour des programmes. Les tendances actuelles sont les mêmes dans la programmation à base de composants ou dans les études sur la réutilisation.

La définition de méthodes de spécification de programmes, telle l'algorithmique, vise à outiller le programmeur dans l'étape de réflexion sur l'écriture de la solution informatique. La mise au point de langages formels (tels B, Z, VDM) pour la spécification des logiciels a pour but de faciliter la mise au point de preuves. On définit une spécification formelle du programme. Puis on code ce programme et on prouve que le programme est conforme à la spécification.

Le génie logiciel propose aussi un ensemble de techniques de programmation facilitant la mise au point de programmes dans le cadre de grandes applications, tels les programmes de lancement d'engins spatiaux, dont les conséquences d'erreurs sont humainement catastrophiques ou au moins financièrement énormes. Citons la *modularité* consistant à découper tous les programmes en modules que l'on peut écrire et tester indépendamment, ou la *gestion d'exceptions* qui consiste à prévoir, en dehors de la logique principale du programme, l'ensemble de tous les événements pouvant contrarier le bon déroulement du programme et à décrire la réaction du programme dans chaque cas. Le génie logiciel étudie aussi les méthodes de test, de façon à tendre vers l'exhaustivité des situations testées avant la mise en place réelle des applications. Enfin, on met en place des environnements de développement ou ateliers de génie logiciel (AGL) qui facilitent le travail du programmeur à tous les stades de l'élaboration du programme (spécification, codage, test, documentation).

Une activité importante du génie logiciel est la définition de critères de qualité, qui peuvent servir de guides à la mise en place des langages et des programmes. La qualité d'un logiciel a fait l'objet de la définition d'une norme (ISO/IEC 9126). Citons quelques critères permettant d'illustrer ce concept :

- la fonctionnalité d'un système peut être défini comme le degré selon lequel il satisfait les besoins pour lesquels il a été conçu ;
- la robustesse est la capacité du système à fonctionner correctement dans un environnement éventuellement instable ;
- la réutilisabilité caractérise la facilité avec laquelle ce programme peut être adapté à un autre contexte que celui pour lequel il a été conçu ;
- etc.

La mesure du logiciel consiste à définir un ensemble de métriques permettant de quantifier la qualité, la taille, la complexité d'un programme. Dans ce domaine, on mesure aussi la productivité d'un programmeur, l'effort lié à un projet, c'est-à-dire le nombre d'hommes*mois nécessaire à son déroulement.

De façon plus large, le génie logiciel prend en charge la gestion du projet informatique. Sachant que 50 % des projets ne voient jamais le jour et bien que les raisons soient multiples, les méthodes d'estimation de l'effort tendent à faciliter le travail du chef de projet dans l'élaboration d'un planning et d'un budget réalistes.

4. **Intelligence artificielle.** – L'intelligence artificielle (IA) a pour objectif d'imiter l'activité mentale

des êtres humains, notamment à l'aide des ordinateurs. Il existe quatre domaines principaux de l'IA :

- les machines intelligentes ;
- la robotique ;
- le langage naturel ;
- les sciences cognitives.

Les *machines intelligentes* traitent de la mise au point d'architectures matérielles ou logicielles plus puissantes et fondées sur des paradigmes nouveaux. On parle plus loin des architectures parallèles. Les agents intelligents peuvent être classés dans cette catégorie. Ils représentent des logiciels capables d'exécuter en arrière-plan des tâches spécifiques et répétitives. Ils utilisent des connaissances (internes ou apprises) pour prendre des décisions au nom de l'utilisateur. Ils sont utilisés notamment dans les systèmes d'exploitation, la messagerie, les logiciels d'applications nomades, ou encore en gestion de réseaux informatiques. Mentionnons aussi les réseaux de neurones (RN). Les réseaux de neurones ou réseaux connexionnistes ou encore réseaux neuromimétiques recouvrent un ensemble de mécanismes de calculs issus des modèles neurobiologiques. On peut les assimiler à des représentations de tâches intelligentes. C'est une structure mathématique capable d'« apprendre » à partir d'un grand nombre d'exemples. Il modélise une série de comportements appelés « sorties » lorsque le réseau est soumis à des stimuli appelés « entrées ». À chaque nouveau stimulus, le modèle génère un comportement résultant des exemples appris. Un RN est composé d'éléments appelés neurones, connectés entre eux de manière semblable à l'architecture du cerveau humain. Les liens entre neurones matérialisant l'excitation ou l'inhibition réciproque sont représentés par des fonctions mathématiques appelées fonctions d'activation. Un des premiers RN développés est le perceptron dont l'objectif est la reconnaissance de formes. Le réseau NET-TALK, composé d'une centaine de neurones, est capable de lire à voix haute un texte rédigé en anglais. Il existe des RN dont l'objectif est de nature industrielle. Ainsi le robot ARN est un robot-marcheur piloté par un RN implémenté sur 18 neuroprocesseurs fonctionnant en parallèle. Parmi les autres applications, citons :

- le système de l'US Post Office qui effectue la reconnaissance en temps réel des codes postaux à raison de plusieurs milliers de chiffres par seconde ;
- les systèmes de reconnaissance des signatures radars utilisés par les armées ;
- les systèmes de reconnaissance biométrique ;
- les systèmes de vérification des signatures des chèques bancaires ;
- les systèmes d'optimisation de placements boursiers à partir d'une grande masse de données sur les entreprises et les marchés financiers.

Le deuxième domaine de l'IA est la *robotique* dont l'objectif est de développer des dispositifs capables d'accomplir des tâches réalisées jusque-là par des hommes dans des conditions de vitesse et de fiabilité dépassant la capacité humaine. Dans ce domaine, on peut classer la reconnaissance des formes (RF) bien que ses applications ne concernent pas uniquement la robotique. La RF a pour objectif de concevoir et réaliser des systèmes informatiques capables de percevoir et d'interpréter différents types de signaux. Elle permet de disposer de systèmes permettant :

- la lecture optique des documents écrits ;
- l'assemblage automatique de pièces ;
- le guidage des véhicules ;
- l'interprétation de signaux et d'images ;
- la reconnaissance de la parole.

Un système de reconnaissance des formes comporte les tâches suivantes :

- le codage, opération de conversion numérique du phénomène à reconnaître (la forme à étudier) ;
- le prétraitement qui consiste à choisir les informations nécessaires, en ayant écarté celles qui représentent un « bruit » ;
- l'analyse est une phase de calcul des paramètres devant servir à représenter la forme étudiée ;
- l'apprentissage consiste à définir les modèles de référence servant à guider la phase suivante ;
- la décision mène à l'identification de la forme.

Le troisième domaine est celui de la *compréhension de la langue naturelle.* Développer un système informatique capable de comprendre une langue naturelle telle que le français n'est pas une tâche aisée, d'autant plus que les langages eux-mêmes évoluent. La compréhension d'un texte écrit dans une langue requiert une maîtrise de la grammaire. Cette dernière définit les manières de combiner les mots pour former une phrase syntaxiquement correcte. L'arbre est une technique de représentation d'une phrase. La compréhension du texte requiert aussi une bonne compréhension des sens des mots et de leur contexte d'utilisation. Ainsi, l'on représente une phrase à différents niveaux : lexical, syntaxique, sémantique, conceptuel et contextuel. Les applications sont nombreuses, notamment dans le domaine de la communication homme-machine, de la traduction automatique, de l'interrogation des bases de données textuelles, de la commande d'automates, de l'apprentissage de langues assisté par ordinateur.

Le quatrième domaine est celui très large des *sciences cognitives.* Fondées sur des recherches en biologie, neurologie, psychologie et mathématique, elles sont le fondement des systèmes de traitement de l'information. Une première illustration est le démonstrateur de théorème. Un théorème admet par définition une preuve formelle. Toutefois, Church et Turing ont montré qu'il n'existe pas d'algorithme général capable de déterminer si une formule quelconque est un théorème. Pour démontrer une formule, on procède généralement par réfutation. En d'autres termes, on montre l'incohérence de sa négation. La démonstration automatique consiste à mécaniser le raisonnement, ce qui représente un des problèmes clés de l'IA. Ce domaine se développe dans trois directions :

- la représentation causale par le principe de résolution ;
- la preuve par réécriture dans les théories équationnelles ;
- les preuves linéaires par la programmation logique (Prolog).

Un deuxième domaine d'application des sciences cognitives est celui des algorithmes génétiques. Un algorithme génétique est une technique de résolution de problèmes fondée sur les méthodes utilisées par les organismes vivants pour s'adapter à leur environnement. Il génère des solutions en évolution. La sélection de ces solutions est effectuée à l'aide de processus à caractères génétiques. En général, un algorithme génétique répercute l'information comme une suite de caractères binaires. Il offre des méthodes de recherche de toutes les combinaisons de chaînes formées et identifie la chaîne binaire représentant la meilleure structure du problème. Les algorithmes génétiques sont utilisés en optimisation, en conception de produits et dans le contrôle des systèmes industriels. Ainsi, General Electric utilise des algorithmes génétiques pour optimiser la conception des moteurs d'avions. Enfin, décrivons une dernière application des sciences cognitives : les systèmes experts. L'objectif principal d'un système expert est de modéliser la connaissance d'un expert dans un domaine précis. Il est donc capable de résoudre un problème comme un expert du domaine. Il traite des données non numériques ou données symboliques (par exemple, le malade a un peu de fièvre) et peut raisonner sur une base heuristique (neuf fois sur dix, la fièvre manifeste une infection). Il permet une représentation élaborée de la connaissance, en séparant cette dernière du raisonnement. Il possède la capacité de traiter des données incomplètes ou conflictuelles. Il peut disposer d'une capacité d'apprentissage, lui permettant d'enrichir sa connaissance automatiquement, et expliquer le raisonnement qui l'amène à telle ou telle conclusion. L'architecture typique d'un système expert est donnée ci-dessous (fig. 8).

La base de connaissances contient la base de faits décrivant les situations à expertiser et la base de règles traduisant l'expertise. Le rôle du moteur d'inférence est de rechercher dans la base de règles celles qui sont appropriées à la situation. Deux stratégies de recherches sont possibles : le chaînage avant qui consiste, à partir de la base de faits, à déclencher toutes les règles déclenchables pour déduire tous les faits possibles.

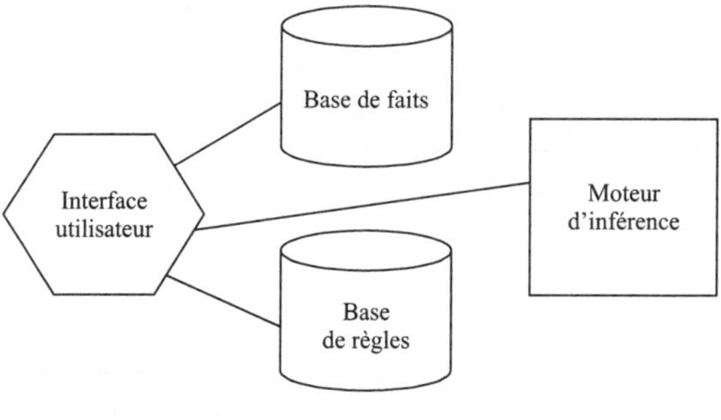

Fig. 8. – Architecture simplifiée d'un système expert

On s'arrête lorsque aucun fait nouveau ne peut être déduit. Le chaînage arrière consiste à définir un but à atteindre, puis à examiner la base de connaissances pour vérifier si les faits et règles qui s'y trouvent permettent d'atteindre ce but. L'interface utilisateur a un double rôle : d'une part, faciliter l'interaction avec l'utilisateur, d'autre part, permettre la mise à jour de la base de connaissances. La qualité d'un système expert est entièrement dépendante du processus d'acquisition des connaissances. Après une période d'engouement démesuré – dans les années 1980 –, et pour différentes raisons, notamment la difficulté de mise à jour de ces systèmes et la réticence des experts à communiquer leur connaissance, les systèmes experts ont maintenant atteint une phase de maturité avec des domaines d'application (finance, diagnostic de panne, etc.) plus limités. On a cessé de croire qu'ils étaient la panacée.

5. **Systèmes d'information et de décision.** – Un système d'information (SI) est un ensemble de moyens pour organiser et traiter les données nécessaires au fonctionnement de l'entreprise, notamment pour la décision. Il est composé des éléments suivants :

– les moyens technologiques (matériels et logiciels) dont l'objectif est d'assurer les fonctions de recueil, traitement, mémorisation et de dissémination des données et des informations ;
– l'environnement externe de l'entreprise constitué, d'une part, d'acteurs externes (fournisseurs, clients, concurrents, institutions financières et administratives, etc.) et, d'autre part, de leurs produits, services et technologies ;
– l'environnement interne de l'entreprise constitué des utilisateurs dont il faut prendre en charge les besoins présents et à venir ;

– les règles de gestion et les procédures organisationnelles qui reflètent la stratégie et le mode de fonctionnement de l'entreprise.

Le rôle majeur d'un système d'information est d'offrir à l'organisation un ensemble de données et d'informations constituant une aide aux activités opérationnelles, tactiques et stratégiques. Ainsi, quel que soit le niveau d'activité et quelle que soit la fonction de l'entreprise, on peut concevoir et mettre en œuvre des systèmes informatiques pour chaque type d'activité et pour chaque fonction. Au niveau opérationnel, les systèmes d'information sont dits transactionnels et ont pour but l'automatisation des tâches, avec l'objectif d'obtenir un gain de productivité. Aux niveaux tactique et stratégique, on parle de systèmes d'information décisionnels (fig. 9). L'objectif de ces derniers est l'amplification du raisonnement des décideurs et l'aide au pilotage des processus et des activités de l'entreprise. Sur un axe vertical, on trouve les systèmes d'information fonctionnels, tels que le SI marketing, le SI logistique, etc., regroupant les appli-

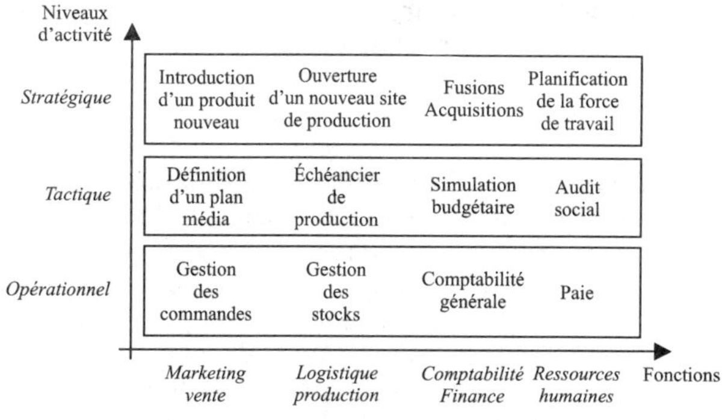

Fig. 9. – Exemples de systèmes d'information

cations opérationnelles et décisionnelles de cette fonction. Certes, ces SI ne sont pas indépendants. Des flux de données existent horizontalement et du bas vers le haut.

Un système d'information comprend quatre dimensions :

- la dimension organisationnelle définit l'interaction et l'intégration du SI dans une organisation. Elle comprend notamment les règles de gestion et les procédures internes ;
- la dimension humaine recouvre les utilisateurs et leurs besoins ;
- la dimension technologique regroupe les architectures matérielles et logicielles ;
- enfin, la dimension financière permet d'évaluer les coûts informatiques, la rentabilité des systèmes, et conduit au choix de modes de financement.

Le domaine des systèmes d'information recouvre deux types de préoccupations : l'aspect ingénierie et l'aspect management. L'ingénierie des SI regroupe l'analyse des besoins, la conception, le développement, la mise en œuvre et la maintenance des SI tant transactionnels que décisionnels. Des méthodes spécifiques existent pour chacun des types de SI. Le management concerne principalement les dimensions humaine, organisationnelle et financière.

6. **Temps réel.** – Les systèmes informatiques temps réel sont ceux dont le fonctionnement doit être en phase avec son environnement. Plus précisément, il doit respecter le débit d'information et les contraintes de temps de cet environnement. Il peut s'agir de système de contrôle ou système de commande, de traitement du signal ou encore de système de télécommunications. Leur développement est considérable et ils envahissent toutes les sphères (bureau,

usine, maison, rue, etc.). Dans les systèmes temps réel complexes, on a généralement plusieurs processeurs dédiés à des fonctions différentes (capture de l'information sur l'environnement, surveillance, affichage, etc.) comme l'illustre le schéma simplifié d'un système de contrôle du trafic aérien (fig. 10). Le système capte et enregistre l'information sur les avions présents dans l'espace considéré. Ces informations sont utilisées par les contrôleurs aériens en salle, mais elles sont aussi fournies en entrée des outils de contrôle à bord des avions.

On peut classifier les systèmes temps réel de différentes façons. Une première logique est celle du temps. On trouve ainsi des systèmes :

- purement cycliques : chaque tâche reproduit de façon permanente un traitement identique ;
- principalement cycliques : outre les tâches purement cycliques, le système doit réagir à des événements externes de manière asynchrone ;
- asynchrones mais prédictibles : dans des systèmes de télécommunication, de traitement de signal radar, ou autre, la plupart des tâches ne sont pas périodiques. Leur fréquence et leur durée d'exécution

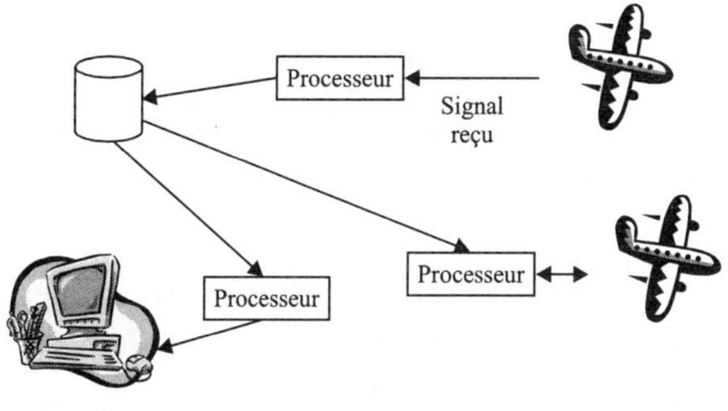

Fig. 10. – Exemple de système temps réel

varient considérablement. Toutefois, cette variabilité est contenue dans des frontières connues ;
- asynchrones et imprédictibles : dans ces systèmes, la complexité est due à la fois à la nécessité de réagir à des événements asynchrones et à la prise en charge des tâches très complexes.

Une autre classification consiste à distinguer deux types d'application : les applications temps réel « dur » – ou systèmes à contraintes strictes – dans lesquelles tout non-respect des contraintes temporelles est fatal pour le système et les applications temps réel « mou » – systèmes à contraintes relatives – qui acceptent des fautes temporelles pour certaines tâches. Bien entendu, l'échelle de temps varie selon les applications : elle peut être de l'ordre de la microseconde pour le pilotage des satellites, de la seconde pour les interfaces hommes-machines, ou de la minute dans les chaînes de fabrication automobile. Le temps réel concerne tout particulièrement les systèmes embarqués et les systèmes mobiles, mais aussi les jeux vidéo classés dans les systèmes « mous ».

Parmi les problématiques temps réel, il convient de citer l'ordonnancement. Pour respecter ses contraintes de temps, le système doit être en mesure d'ordonnancer de façon optimale la réalisation des différentes tâches. Ces tâches utilisent, d'une part, des processeurs et, d'autre part, des ressources. La spécification d'un système consiste donc à caractériser :

- ses contraintes (temps, environnement, etc.) ;
- ses processeurs (fonctionnellement différents ou, au contraire, interchangeables) ;
- ses ressources (mémoire, bases de données, séquences de nombres, etc.).

Le problème de l'ordonnancement est différent selon qu'il est monoprocesseur ou multiprocesseur. De plus, il peut être centralisé ou au contraire réparti dans le cadre de systèmes distribués sur plusieurs sites. On retrouve dans ce cas la problématique fondamentale des systèmes distribués, notamment la prise en compte des délais de communication entre sites et l'absence d'horloge commune.

La spécificité des systèmes temps réel oblige les informaticiens à revisiter l'ensemble des composants de ces systèmes : langages, systèmes d'exploitation, réseaux, architectures, validation, sûreté de fonctionnement, etc.

Il convient de mentionner une catégorie de systèmes temps réel particulière que sont les systèmes embarqués ou systèmes enfouis. Ce terme était initialement réservé aux matériels et logiciels installés sur des engins mobiles (voitures, avions, trains, etc.). Il est parfois utilisé aussi pour des systèmes fixes (bornes informatiques) ou assimilé aux systèmes portables (téléphone mobile par exemple). Ce sont des systèmes temps réel auxquels s'appliquent tous les principes rappelés plus haut. Ils sont de plus soumis généralement à des contraintes de taille et à des exigences de sécurité renforcées.

7. **Architectures et parallélisme.** – La structure des ordinateurs obéit depuis 1945 aux principes des machines de von Neumann :

- machine universelle contrôlée par programme ;
- instructions codées sous forme binaire, stockées en mémoire et exécutées en séquence ;
- instructions permettant les ruptures de séquences.

Ces principes ont donné naissance à l'architecture von Neumann comportant une unité arithmétique et logique, une unité de commande, la mémoire centrale et les unités d'entrée-sortie.

Les machines de la première génération (1950-1960) utilisaient la technologie des tubes à vide. Celles de la deuxième génération (1960-1970) ont vu l'apparition des transistors améliorant la vitesse et la fiabilité. Les circuits intégrés apparaissent dès 1970 et sont la base des machines de troisième génération (1970-1980) d'un prix plus réduit. On assiste aussi à l'intrusion des microprocesseurs. Dès le début des années 1980, les machines de quatrième génération fondées sur des puces *(chips)* sont disponibles. Plusieurs millions de transistors sont intégrés sur des puces de quelques millimètres carrés. En parallèle, les unités périphériques voient leur capacité s'agrandir considérablement. Les machines sont connectées en réseau. La cinquième génération, actuellement en cours, permet un développement dans deux directions caractérisées par l'amélioration des performances et une miniaturisation élevée des composants. L'accroissement significatif des performances est dû essentiellement au parallélisme. Cela donne naissance aux architectures parallèles à mémoire répartie, aux multiprocesseurs et aux assemblages de stations *(clusters)*.

a) Les superordinateurs. Ce sont des machines multiprocesseurs de type vectoriel, à pipelines. Ces machines sont capables d'exécuter une instruction en parallèle sur un ensemble de données vues comme des vecteurs de nombres. Un pipeline est la décomposition d'un processeur en plusieurs unités logiques, telles que le traitement réalisé par une unité logique nécessite au plus un cycle d'horloge. À la différence des machines dites scalaires, les machines vectorielles ont une base installée limitée et un coût très élevé. Elles permettent de vectoriser les applications avec un facteur de performance allant de 10 à 100. Ainsi, des applications qui demandaient des semaines de traitement peuvent être réalisées en quelques heures. La technique de « pipelining » utilisée par ces superordinateurs consiste à séquencer une opération complexe en une séquence d'actions plus simples, réalisées chacune par un dispositif particulier. Ainsi, plusieurs actions complexes peuvent être traitées simultanément. Ces machines font appel aux processeurs vectoriels qui sont des unités arithmétiques et logiques (UAL) permettant d'effectuer des opérations sur des vecteurs ou blocs de données.

b) Les microprocesseurs. En 1971, Intel réalise le premier microprocesseur, l'Intel 4004. Il s'agit d'un circuit composé d'une UAL et de son unité de commande, intégré sur une plaquette de quelques millimètres carrés. Son architecture était de 4 bits. L'évolution aujourd'hui suit la loi de Moore et nous amène à des architectures de 64 bits avec des puissances approchant les Teraflops (ou millions de millions d'opérations par seconde). Partant de la constatation que le processeur n'utilise qu'une partie de son jeu d'instructions (loi des 20-80), des microprocesseurs à architecture RISC (Reduced Instruction Set Computer) ont supplanté les architectures CISC (Complex Instruction Set Computer). Les architectures RISC, ou superscalaires, permettent d'exécuter des instructions simultanément. On obtient ce résultat en ayant recours à des recouvrements d'actions et en multipliant les unités. Tous les constructeurs offrent aujourd'hui des microprocesseurs RISC.

8. **Calcul scientifique.** – De façon générale, on qualifie de calcul scientifique l'utilisation de l'ordinateur dans une discipline scientifique. Le calcul est dit scientifique dans la mesure où il n'est pas une simple comptabilisation d'activités, comme c'est le cas en gestion. D'autre part, l'ordinateur apporte bien sûr la possibilité d'automatiser ce calcul mais, surtout, il permet de changer l'ordre de grandeur des calculs. Ainsi, la résolution des systèmes linéaires, fondée sur l'exploitation de matrices de nombres réels, a vu ses limites considé-

rablement repoussées en quelques années, et on estime aujourd'hui que des progressions importantes sont encore à venir.

Le calcul scientifique est utilisé en mathématiques pour vérifier des théories ou encore pour permettre la recherche de nombres particuliers. Citons notamment la décomposition de grands nombres en facteurs premiers, dont l'utilité en cryptographie (et en cassage de code crypté) n'est plus à démontrer. Le calcul scientifique permet aussi la preuve de théorèmes chaque fois que le problème peut être ramené à un nombre fini de cas à traiter. Il est utilisé aussi pour la simulation et pour le calcul formel (développement de fonctions en séries entières, approximation, développement asymptotique, etc.). L'analyse numérique permet, quant à elle, de vérifier que la solution informatique converge vers la solution du problème mathématique. On oppose ce calcul formel au calcul numérique, telles les méthodes stochastiques par exemple. Le calcul scientifique utilise des langages de programmation classique (avant exclusivement le Fortran, maintenant aussi le C et le C++) ou bien des logiciels dédiés (Maple, Matlab, Mathematica). Le traitement graphique permet la visualisation des résultats en trois dimensions. L'arrivée de réseaux à haut débit rend possible la répartition du calcul sur plusieurs machines, à condition que ce calcul puisse être parallélisé.

Outre les mathématiques pures, les autres domaines d'application sont la statistique, la mécanique, la physique, la chimie, la biologie ou encore la météorologie. En finance et en économie, le calcul scientifique est aussi un recours précieux pour étendre la portée des résultats. Dans ces domaines, le problème est d'ailleurs plutôt la validité des modèles que la limitation des calculs. Un autre problème majeur est celui de la confrontation de scientifiques (mathématiciens et autres) issus de différents domaines dont les vocabulaires, les méthodes de raisonnement sont difficiles à confronter. Il existe même des solutions informatiques différentes qui ont été élaborées pour des problèmes identiques mais dont les scientifiques n'avaient pas remarqué la similitude, faute de mise en commun des savoirs.

9. **Informatique graphique et multimédia.** – Les développements récents en termes de logiciels et matériels ont permis une éclosion importante de l'informatique graphique. Les domaines d'application sont nombreux et variés. Parmi eux, citons le dessin assisté par ordinateur, la visualisation pour la conception en génie électrique ou mécanique, l'automatisation et les systèmes robotiques, la conception de puces électroniques, les arts et la conception de produits, la publicité et les divertissements, la réalité virtuelle, les systèmes d'imagerie médicale, les systèmes d'information géographiques. Le pipeline graphique est le processus logique qui permet de construire une image de synthèse ou une séquence d'images. Le principe est le suivant. À partir d'un modèle de scène, un ensemble de calculs géométriques sont effectués pour positionner correctement les objets en fonction de l'observateur et des différentes sources lumineuses. La phase de *clipping* permet de définir la coupe par rapport à la pyramide de vision. La phase de transformation perspective projette la scène définie dans un espace à trois dimensions, puis on élimine les parties cachées. Les calculs géométriques sont suivis de calculs dits de rendu, comprenant notamment les calculs d'éclairement, d'ombres, de textures. Sur le schéma ci-après, on résume les principaux domaines de l'informatique graphique (fig. 11).

Le domaine du multimédia peut être vu comme une généralisation de l'informatique graphique. Il

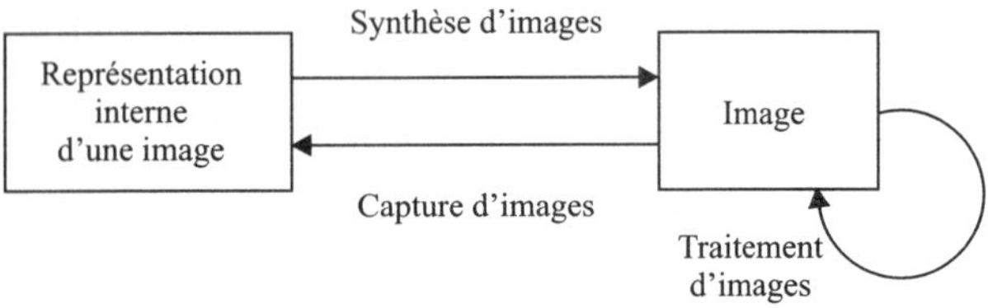

Fig. 11. – Les spécialités de l'informatique graphique

englobe l'ensemble des techniques de calcul, de codage et de stockage sous forme numérique des sons, des images, etc.

10. **Bio-informatique.** – Citons cette spécialité pour illustrer les nouveaux développements en cours ou à venir dans la recherche en informatique. Les découvertes des biologistes sur la structure de l'ADN, montrant que l'information génétique d'un être vivant est contenue entièrement dans une séquence génétique, ont déclenché le besoin de recenser ces séquences. Cette tâche suppose des capacités de stockage très élevées. Outre le stockage, l'informatique permet le rapprochement automatique de séquences et toutes sortes d'analyses statistiques conduisant à une meilleure connaissance de l'être vivant. La bio-informatique est une nouvelle approche de la biologie, complémentaire des techniques expérimentales utilisées jusqu'alors. Pour les informaticiens, elle ouvre un nouveau champ d'application permettant la validation des techniques de stockage et d'analyse des données volumineuses et complexes.

La liste des spécialités décrites ci-dessus n'est pas exhaustive. Par exemple, l'informatique théorique qui concerne la définition et l'approfondissement des notions de complexité, de décidabilité et de calculabilité en programmation est une spécialité de certaines équipes de recherche. Elle vise à améliorer la connaissance formelle des concepts sous-jacents de la discipline. Elle mériterait un développement plus large, permettant la vulgarisation de tels concepts. En conclusion, à l'aube du XXIe siècle, la discipline informatique apparaît comme incontestable de par la complexité des concepts sous-jacents et de par le nombre varié de champs d'application qu'elle englobe.

Chapitre III

L'INFORMATIQUE – UNE FONCTION

On a laissé coulé beaucoup d'encre sur l'introduction de l'informatique dans l'entreprise. Il est vrai que nombre d'erreurs ont été commises, la principale étant un cloisonnement beaucoup trop important de la fonction informatique qui a éloigné l'informatique de ses utilisateurs, la conséquence étant une perte de temps et d'argent considérable : les informaticiens développaient et entretenaient des systèmes pour des utilisateurs dont ils ne connaissaient ni le métier, ni les contraintes. En réaction à cette situation qui, outre les pertes financières, a créé beaucoup de tensions dans les entreprises, on a mis au point des méthodes d'informatisation dont le point de départ est l'expression d'un besoin par un utilisateur et dont le centre doit être cet utilisateur qui n'est plus sollicité seulement une fois pour l'expression de ses besoins, mais qui participe activement à la conception et au développement du système en validant chaque fois que possible l'état d'avancement du projet. Outre sa place dans l'entreprise, l'informatique représente aujourd'hui un secteur d'activité incontournable. Cette technologie intrusive concerne aussi bien les particuliers que les entreprises, qu'elles soient industrielles ou de service.

I. – Les métiers de l'informatique

Les métiers exercés par les informaticiens évoluent avec les technologies de l'information et les besoins des utilisateurs. Dans l'entreprise, l'informatique est présente partout et connaît une forte croissance. On estime que les emplois dans le domaine de l'information représentent aux États-Unis 60 % du Produit national brut et sont occupés par 55 % de la population active. Ceci concerne aussi bien l'informatique de gestion qui emploie la majorité des informaticiens, que l'informatique scientifique et industrielle.

En France, on estime qu'il y a, à ce jour, 350 000 personnes exerçant les différents métiers de l'informatique. Le marché de l'informatique est régulièrement caractérisé par un manque d'informaticiens, estimé à 36 500 personnes en France en 2002 (61 000 vers 2005). La population des informaticiens est masculine (84 % d'hommes), jeune (59 % de 25 à 39 ans et 29 % de 40 à 49 ans), fortement diplômée (80 % ont un niveau supérieur à Bac + 2) et majoritairement localisée en Île-de-France (60 %).

On peut classer les métiers en sept catégories (d'après le CIGREF, Club informatique des grandes entreprises françaises) :

1. **Les métiers d'administration et de gestion de l'informatique.** – Le directeur des systèmes d'information dirige l'informatique de l'entreprise. Il définit la politique informatique sur les plans technologique et organisationnel. Il assure la relation avec les autres directions fonctionnelles, utilisatrices de l'informatique. Il définit la politique de sous-traitance et gère la relation avec les prestataires de service externes. Il gère le personnel informatique, et son adaptation aux évolutions technologiques et organisationnelles. Enfin, il définit et met en œuvre une politique de la sécurité informatique.

Le responsable de l'exploitation informatique organise et dirige la production informatique. Il assure, au quotidien, la bonne marche des moyens informatiques, tant matériels que logiciels. Il est responsable du niveau de qualité de service. Il gère le personnel d'exploitation.

Le responsable micro définit la politique micro-informatique et supervise l'ensemble des opérations et des moyens liés à l'utilisation de la micro-informatique, tant d'un point de vue matériel que logiciel.

2. **Les métiers de l'expertise.** – Il s'agit essentiellement des métiers relatifs au support et à l'assistance technique dans les domaines de spécialité de l'informatique : systèmes d'exploitation, réseaux/télécoms, méthodes/qualité, sécurité, technologie Internet et multimédia, architecture technique. Il existe différents niveaux de qualification (technicien réseau, ingénieur réseau par exemple).

3. **Les métiers du conseil.** – Le consultant en systèmes d'information bénéficie d'une double compétence (un métier de l'entreprise et l'informatique). Il se situe à la frontière entre la maîtrise d'ouvrage (chargée de définir les besoins dans le cadre d'un cahier des charges et d'assurer le suivi des réalisations) et la maîtrise d'œuvre (qui a la responsabilité de la réalisation effective des applications informatiques). Il peut être généraliste ou spécialisé (architecte de systèmes d'information, chef de projet maîtrise d'ouvrage, conseil en organisation, conseil en ERP, en conduite du changement, etc.).

4. **Les métiers de l'exploitation et de la production.** Les personnels de l'exploitation et de la production assurent les tâches relatives à l'utilisation des moyens informatiques et la gestion courante des applications et des plannings. Cette catégorie inclut les techniciens d'exploitation, ex-pupitreurs et opérateurs, en voie de réduction d'effectifs. On y trouve aussi les techniciens

micro, les techniciens réseaux et télécoms, les techniciens de maintenance, les analystes et administrateurs systèmes, les administrateurs de bases de données, les intégrateurs d'applications, les pilotes de serveurs, les administrateurs de sites web (webmestres), etc.

5. **Les métiers des études et du développement.** – Dans cette catégorie, on regroupe les activités d'analyse, de conception, de programmation et d'intégration d'applications informatiques. Cette catégorie comprend les métiers suivants : directeur et chef de projet, analyste-programmeur, analyste, intégrateur d'applications, concepteur/développeur d'applications Internet et multimédia.

6. **Les métiers du support et de l'assistance aux utilisateurs.** – Ces fonctions sont en forte croissance, depuis la prise de conscience du rôle important que jouent les utilisateurs dans toutes les phases du cycle de vie des applications informatiques. L'objectif est d'apporter une aide dans l'utilisation des outils informatiques. On y trouve le correspondant informatique, utilisateur averti, repéré pour sa capacité à comprendre les besoins des utilisateurs, à les transmettre aux informaticiens et à élaborer des solutions en liaison avec ces derniers. Il accompagne les utilisateurs en assurant une intervention de premier niveau. Le technicien support ou assistant *hot line* réceptionne et résout les incidents ou dysfonctionnements déclarés par les utilisateurs.

7. **Les métiers du commerce et du marketing.** – On y trouve l'ingénieur commercial. Responsable d'un portefeuille clients, il élabore des propositions commerciales, en relation avec une équipe d'experts. Il répond à la demande des entreprises en cas d'appels d'offres. Il est assisté de l'ingénieur avant-vente pour préciser les aspects techniques des contrats.

II. – L'organigramme

1. Le service informatique dans l'entreprise.

a) Dénomination. À l'origine, l'informatique était considérée comme un service ou une direction selon la taille de l'entreprise. L'accent était mis exclusivement sur la dimension technologique au détriment des autres dimensions, notamment organisationnelle. Cette appellation de direction ou service informatique traduisait la prépondérance de la technologie.

Depuis quelques années, nous assistons à une évolution selon laquelle l'utilisateur de l'informatique devient, à juste titre, central dans les préoccupations de la direction. On insère l'outil informatique dans le concept plus large de système d'information, incluant une dimension organisationnelle et orientée métier. Le rôle stratégique des systèmes d'information et l'avantage concurrentiel qu'ils peuvent offrir aux entreprises amènent ces dernières à constituer des directions des systèmes d'information (DSI) ou encore des directions informatique et organisation (DIO). Ce type de structure confère à la direction informatique un statut de direction fonctionnelle à part entière, au service des autres fonctions.

Une tendance plus récente dans les grandes organisations consiste à constituer deux directions séparées : l'une orientée maîtrise d'œuvre, regroupant les métiers de base de l'informatique, et l'autre orientée maîtrise d'ouvrage, incluant des compétences informatiques, organisationnelles et des compétences métiers. L'objectif sous-jacent est de diminuer les conflits entre utilisateurs et prescripteurs des solutions informatiques, ainsi que d'assurer une meilleure maîtrise des coûts.

b) Position dans l'organigramme. À l'origine, la plupart des directions informatiques étaient rattachées à une direction fonctionnelle, principalement la direction administrative et financière. Ce choix était lié aux premières applications destinées à l'informatisation des tâches administratives. L'informatique était perçue comme un outil d'automatisation des tâches administratives routinières, permettant d'espérer un gain substantiel de productivité.

Les évolutions technologiques, le rôle central des utilisateurs, le besoin de systèmes décisionnels et de pilotage, l'importance stratégique de l'informatique et les problèmes posés par un rattachement à une direction fonctionnelle ont amené les entreprises à rattacher la DSI à la direction générale.

Pour les mêmes raisons historiques, certaines entreprises distinguent les directions informatiques des directions réseaux et télécoms. Cette double instance n'est pas sans poser des problèmes de management.

c) Taille. La taille du service informatique est très variable et dépend notamment de la politique de sous-traitance et d'infogérance. Toutefois, on considère que, en moyenne, le personnel informatique des sociétés tertiaires, en l'absence de politique d'externalisation de l'informatique, est égal à 4 ou 5 % du nombre d'employés de l'entreprise. En ce qui concerne les entreprises industrielles, ce taux est limité à 1 ou 2 %.

2. **L'organigramme du service informatique.** – La DSI est généralement organisée en deux ou trois services : les études et développements, d'une part, et, regroupés ou séparés, les réseaux et l'exploitation, d'autre part. Les différences entre organigrammes sont principalement liées à la constitution des équipes projet dans le cadre des études et développements. De manière classique, on distingue trois types d'organisation de la DSI.

L'organisation horizontale correspond à un découpage fonctionnel des activités au sein de la structure informatique (fig. 12). Cette organisation par fonctions permet de regrouper les tâches selon le critère de

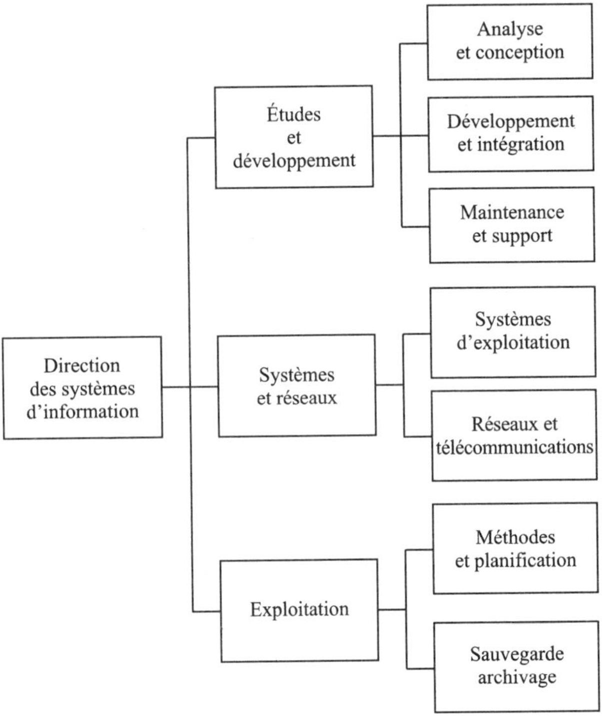

Fig. 12. – Organisation horizontale

spécialisation. Elle favorise le renforcement de la spécialisation des personnes. Toutefois, elle peut générer et favoriser des conflits entre fonctions. Les échanges entre spécialités sont limités, ce qui est préjudiciable à la conduite des projets.

L'organisation verticale a pour vocation de faciliter la réalisation de projets. Un regroupement de l'ensemble des moyens financiers, des ressources technologiques et des expertises humaines s'opère au sein d'une même unité projet. En conséquence, les équipes sont organisées autour de ces projets. Cette organisation favorise et nécessite l'émergence de méthodes, normes et standards, communs à l'ensemble des projets. De plus, cette organisation facilite la coordination des projets en rassemblant l'ensemble des fonctions qui lui sont liées. Toutefois, le développement d'un projet complique la planification et le contrôle des ressources humaines informatiques.

L'organisation matricielle mixe les deux organisations précédentes. Son objectif est de minimiser les dysfonctionnements générés dans les structures par fonctions et par projets. Deux découpages simultanés coexistent. Le premier est un découpage fonctionnel d'activités. Dans ce cas, le personnel est hiérarchiquement rattaché, par exemple, au directeur des études et développement. Le second découpage, par projets, conduit à placer aussi le personnel sous la responsabilité d'un chef de projet. Toutefois, elle peut favoriser les conflits si un équilibre entre les différents pouvoirs n'est pas trouvé. Il n'est pas aisé pour les personnels d'être placés sous deux autorités dont l'objectif n'est pas constamment convergent.

À ces trois organisations standards, il faut ajouter les variantes ou compléments consistant à définir des correspondants informatiques, à créer des cellules spécialisées, notamment en méthodes et en réseaux, à séparer maîtrise d'œuvre et maîtrise d'ouvrage. Cette dernière option tend à gagner les faveurs des dirigeants des grandes entreprises. La maîtrise d'ouvrage (MOA) est en charge de la prise en compte des besoins des utilisateurs dans leur cadre organisationnel. Elle « passe commande » auprès de la maîtrise d'œuvre (MOE) regroupant les compétences techniques et chargée des phases de conception, développement et maintenance des solutions informatiques.

3. **Le budget du service informatique.** – En 2001, les sociétés françaises ont dépensé près de 100 milliards d'euros pour leurs besoins informatiques. Les dépenses d'exploitation représentent 75 % de ce montant. Il s'agit des dépenses relatives à l'exploitation des applications existantes. Ces dépenses concernent les matériels, les progiciels, le personnel d'exploitation et les télécommunications. Les dépenses d'études relatives à la conception et au développement des applications nouvelles représentent 25 % du budget informatique. Il s'agit essentiellement des salaires et charges des personnels d'études et de la maîtrise d'ouvrage. La masse salariale, poste de dépense principal, est en diminution du fait du recours de plus en plus fréquent à la sous-traitance. Elle constitue, selon Benchmark Group, 35 % du budget de la direction informatique. Des études chiffrées sur les dépenses informatiques sont régulièrement publiées dans la presse spécialisée.

III. – L'industrie informatique

Dans les années 1950, le marché était structuré autour de deux types principaux d'acteurs : d'une part, les concepteurs d'architectures matérielles et logicielles et, d'autre part, les sociétés de services appelées à les vendre et à les mettre en œuvre. La tendance aujourd'hui est vers l'offre d'une solution complète, alliant l'outil et sa mise en œuvre.

On distingue quatre types d'acteurs principaux de l'informatique. Les constructeurs conçoivent, fabriquent et commercialisent les matériels informatiques. De plus, ils s'associent avec des éditeurs de logiciels ou avec des sociétés de service filiales ou indépendantes pour proposer des solutions clés en main. Ils diversifient de plus en plus leur activité pour prendre en charge toute l'informatique de leur client (infogérance, conseil, etc.). On assiste depuis quelques années à une forte concentration du marché autour d'un petit nombre d'acteurs principaux : IBM, Hewlett-Packard-Compaq, Apple, Sun, Dell, etc. Trois éléments caractérisent ce marché : une réduction importante des coûts des matériels malgré une augmentation significative des puissances de ces machines, une diminution forte des marges réalisées par les constructeurs du fait de la concurrence vive qui existe sur ce marché et une augmentation du marché global. Bien que les dépenses informatiques des entreprises progressent chaque année de près de 20 %, la part des dépenses en matériel tend à décroître régulièrement. Elle représente en 2000 un quart de l'ensemble des dépenses, soit environ 20 milliards d'euros.

Les éditeurs de logiciels, dont le rôle est de concevoir, fabriquer et vendre des logiciels ou des progiciels, sont plus de 2000 en France. Le marché des logiciels regroupe les logiciels de base (systèmes d'exploitation, utilitaires, etc.), les logiciels d'application (bases de données, langages, etc.) et les progiciels (ERP, comptabilité, finance, gestion des stocks, etc.).

Le marché français du logiciel et du service en 2000 est évalué à 20 milliards d'euros environ. La part consacrée à l'acquisition des logiciels de base et progiciels représente 30 % de ce marché. Il est dominé par l'offre américaine.

Les distributeurs informatiques sont des intermédiaires sur le marché du matériel et du logiciel. La vulgarisation de l'informatique via le micro-ordinateur a amené ce produit dans la grande distribution, au même titre que les produits de consommation courante. De ce fait, les distributeurs spécialisés ou revendeurs informatiques sont conduits à se recentrer sur les services.

Les sociétés de service et d'ingénierie informatique (SSII) sont spécialisées dans la prestation informatique, quelle qu'elle soit. Elles assurent le conseil, la conception, la réalisation, la formation dans les entreprises. Elles développent des logiciels à façon, adaptent les logiciels du marché ou paramètrent les progiciels pour les entreprises. Elles sont au nombre de 25 000 environ en France et emploient plus de 36 % des informaticiens. Leur activité est largement dépendante du développement économique et des décisions d'investissement des entreprises. Le marché est globalement en croissance forte (plus de 10 % par an en moyenne). Il bénéficie d'événements conjoncturels tel le passage à l'an 2000 ou à l'euro. Le marché des services en France, couvert principalement par les SSII (68 %), mais aussi par les constructeurs (18 %), éditeurs (2 %) et distributeurs (12 %), représente à lui seul 19 milliards d'euros en 2000. Passée l'époque où l'informatique était vendue pour « améliorer la productivité », l'offre des sociétés de service s'adapte aujourd'hui au marché des systèmes d'information décisionnels et stratégiques, en avançant l'argument de l'avantage concurrentiel.

Les entreprises utilisatrices recouvrent à la fois l'administration, les grandes entreprises et les PME. Elles dépensent chaque année plus de 85 milliards d'euros, incluant les télécoms et le multimédia. On estime que ce nombre atteindra 160 milliards d'euros en 2010. Elles emploient 41 % des informaticiens. La croissance du marché est due largement à la modernisation de l'outil informatique et à son utilisation pour atteindre des avantages concurrentiels, par exemple en améliorant la qualité du service offert au client.

IV. – La sécurité informatique

Le développement prodigieux de l'informatique dans l'entreprise et dans son environnement a engendré une nouvelle problématique liée à la sécurité. Les chiffres, bien que toujours difficiles à vérifier, font état de contrastes intéressants : 100 % des entreprises déclarent que, au-delà d'une semaine sans système informatique, elles ne peuvent plus travailler. Toutefois, moins de 10 % seulement des cas de criminalité informatique sont traités par les services de police ou de justice. Il y a plusieurs explications à ce phénomène. D'une part, le caractère relativement nouveau de ces problèmes rend long et difficile leur traitement par la justice. D'autre part, la publicité liée au fait de porter l'affaire en justice est parfois évaluée comme préjudiciable pour l'entreprise.

1. **Les concepts de la sécurité.** – La sécurité informatique a pour objectif de protéger l'entreprise contre les indiscrétions, le vol et la dégradation. Plus précisément, il s'agit de protéger les données, les ressources et la réputation de l'entreprise. Les risques peuvent être classifiés en quatre catégories : les accidents, les erreurs, les malveillances et les risques divers. Il convient de protéger son informatique et plus généralement son système d'information pour en assurer la disponibilité, l'intégrité et la confidentialité. Une bonne politique de sécurité conjugue des moyens de prévention et de guérison. Bien sûr, il y a une contradiction évidente et parfois difficile à gérer entre les techniques et outils de protection, d'une part, et la souplesse d'utilisation du système souhaitée par les utilisateurs, d'autre part. Les mécanismes de protection incluent quatre phases : l'identification des utilisateurs (ainsi, personne ne peut travailler sur le système anonymement, sans engager sa responsabilité), leur authentification (de cette façon, on s'assure qu'il n'y a pas usurpation d'identité), le contrôle d'accès (mécanisme de vérification de l'identité) et la non-répudiation qui, dans le cadre des échanges électroniques, fait en sorte qu'aucun des correspondants ne peut nier la transaction.

2. **Les problèmes de sécurité.** – Les problèmes de sécurité peuvent être classifiés en trois catégories principales : l'intrusion d'un individu malveillant par un virus ou par usurpation d'identité (c'est le problème le plus fréquent) ; l'attaque par déni de service consiste à empêcher le bon fonctionnement d'un ordinateur en le saturant (c'est une violence gratuite, difficile à contrecarrer) ; enfin, le vol d'information par usurpation d'identité ou par espionnage. Il existe aussi différentes catégories d'agresseurs, du plaisantin au véritable espion en passant par les vandales qui cherchent à détruire ou les compétiteurs qui souhaitent relever des défis.

Les virus informatiques sont des programmes installés à l'intérieur d'autres programmes pour nuire au fonctionnement de l'ordinateur sur lequel ils s'exécutent. Ils peuvent être simplement perturbateurs (par exemple, en générant des affichages parasites), ou plus agressifs, ce qui est le cas des virus qui détruisent des informations sur le disque ou qui se reproduisent de fichier en fichier et d'ordinateur en ordinateur. La sophistication des logiciels de base, tels les traitements de texte, qui facilitent le travail des rédacteurs en automatisant des tâches répétitives à l'aide de petits programmes appelés macros, est une véritable aubaine pour les créateurs de virus qui voient ainsi un nouveau mode de diffusion : il devient aisé d'introduire un virus dans un simple texte ou une feuille de calcul sommaire, lequel peut être transmis via une messagerie électronique. Le récepteur du message ouvre le fichier texte contenant le virus et le tour est joué.

L'utilisation maintenant largement répandue de la messagerie électronique a été suivie d'un autre phénomène, le *spamming* ou postage excessif, dont l'effet principal est de saturer le trafic d'information sur les réseaux et les espaces disques accueillant les messages, mais aussi d'engendrer une perte de temps importante pour tous les destinataires se voyant contraints de purger leur espace de réception.

3. **Les techniques de lutte contre l'insécurité.** – Les solutions de sécurité informatique impliquent l'utilisation de matériels, logiciels et procédures appropriés.

A) *Les solutions matérielles.* – Sur le plan matériel, citons, par exemple, tous les supports de sauvegarde, dont l'objectif principal est la résistance aux pannes, les ordinateurs et routeurs pare-feu *(firewalls)* qui font la jonction entre le réseau Internet et les réseaux internes des entreprises. Ils constituent un sas assurant le filtrage des informations circulant entre les deux réseaux et le mandatement de service en prenant les risques d'accès sur Internet, pour le compte des ordinateurs situés à l'intérieur du réseau et non protégés. Les technologies RAID décrites plus haut sont aussi des solutions de sécurité qui, par stockage redondant, limitent les pertes d'information en cas de défaillance matérielle ou logicielle d'un disque.

B) *Les solutions logicielles.* – Les solutions logicielles incluent la cryptographie dont le principe est de coder les informations avant de les faire circuler. Les algorithmes de cryptage sont nombreux et de plus en plus sophistiqués. Leur cassage devient un défi pour les cryptanalyseurs amateurs ou professionnels. Il peut prendre des années.

Les antivirus sont eux aussi des logiciels visant à surveiller tous les fichiers entrant sur un disque. À partir d'un catalogue régulièrement mis à jour de toutes les chaînes de bits représentant les virus connus, ils analysent ces fichiers et détectent la présence de ces virus. Ils sont alors en mesure de « nettoyer » le fichier en supprimant l'intégralité du code dudit virus.

Les logiciels « anti-spams » repèrent les messages identiques reçus en un intervalle de temps très court.

Pour limiter les erreurs de transmission des informations mettant en cause l'intégrité des données, on utilise des techniques de redondance comme le contrôle de parité. Ainsi, à toute chaîne de bits à transmettre, on ajoute un bit supplémentaire de façon à ce que l'ensemble comporte toujours un nombre pair de bits à 1. Côté réception, on analyse toutes les chaînes transmises, on vérifie la parité de chaque chaîne. S'il y a un nombre pair de bits, on supprime le bit de contrôle et on traite l'information reçue. S'il y a un nombre impair de bits, on signale l'erreur à l'émetteur et on demande la retransmission de la chaîne. Le contrôle de parité est la méthode la plus élémentaire. Il existe d'autres mécanismes de codage redondant permettant une meilleure détection des erreurs, voire une localisation du bit erroné, permettant sa correction sans retransmission (code de Hamming par exemple).

Dans les systèmes de gestion de bases de données, il existe aussi un (ou plusieurs) module(s) de sécurité chargé(s), d'une part, du contrôle d'accès et, d'autre part, de la résistance aux pannes. Le contrôle d'accès utilise généralement des mécanismes de mots de passe. De plus, la base de données est découpée en unités, et le contrôle d'accès peut être affiné en restreignant l'accès de chaque unité aux seuls utilisateurs autorisés. Dans les SGBD relationnels, on utilise un mécanisme de vues. La résistance aux pannes est fondée sur la notion de transaction ou fonctionnement en tout ou rien. Plus précisément, toute opération de modification des données pouvant introduire des incohérences doit être exécutée en tout ou rien. Par exemple, une opération bancaire consistant à débiter un compte d'un montant donné pour en créditer un autre doit être effectuée dans la même transaction. Ainsi, elle sera soit totalement réalisée soit totalement non réalisée. Pour mettre en œuvre ce principe, les SGBD utilisent par exemple une double table des pages qui référence sur le disque les données avant transaction et les données après transaction. Si la transaction s'exécute sans problème, on opère le basculement vers la nouvelle table des pages. Si, au contraire, une panne se produit, on reprend l'ancienne table des pages.

Pour protéger les transmissions par réseaux, différents protocoles ont été définis. Ils deviennent particulièrement indispensables dans les transactions liées au commerce électronique où les paiements doivent être sécurisés et les partenaires authentifiés. Les protocoles de communication sont liés aux couches réseaux de la norme OSI. Ils peuvent être conjugués de façon à maximiser le niveau de sécurité. On utilise aussi les signatures et les certificats numériques pour reproduire de façon logicielle les mécanismes classiques d'engagement utilisés dans le commerce « classique ».

C) *Les procédures de sécurité.* – Outre les techniques proposées, un grand nombre de procédures et de comportements sont mis en place ou préconisés pour lutter contre l'insécurité. Les procédures de sauvegarde doivent être planifiées de façon régulière. Les mots de passe doivent être choisis pour être difficiles à découvrir, combinant caractères alphanumériques et caractères spéciaux, changés régulièrement, voire même à usage unique dans certains contextes. Les antivirus doivent être mis à jour très fréquemment. Ainsi, aux procédures classiques de sécurité utilisées dans les entreprises pour contrôler l'accès des personnes aux ressources s'ajoutent les procédures spécifiques rendues nécessaires par les risques informatiques.

Les entreprises sont de plus amenées à mettre en place des méthodes d'évaluation de leur sécurité, de façon à estimer les risques et mettre en place les parades appropriées. Le CLUSIF (Club de la sécurité des systèmes d'information français) propose et commercialise des méthodes et outils d'évaluation de la sécurité informatique. MARION est la plus célèbre de ces méthodes.

V. – Les tendances

De façon non exhaustive, dressons un panorama des tendances actuelles de l'informatique.

1. **Le commerce électronique.** – C'est un processus de vente et d'achat de produits et de services sur Internet. Plus généralement le commerce électronique peut être défini comme l'utilisation de médias électroniques pour assurer des transactions ou des relations d'affaires entre les personnes morales ou physiques. Le commerce électronique permet de dématérialiser la relation client via le réseau. Il permet d'estomper les frontières géographiques séparant les différents acteurs. Différents types de services existent. Le Business to Business (B2B) concerne le commerce interentreprises. Le Business to Consumer (B2C) se réfère au commerce grand public. L'Administration to Business (A2B) caractérise les relations entre les administrations et les particuliers. Enfin, le C2C caractérise le commerce interparticuliers. Une cartographie du commerce électronique permet de différencier les applications du marketing direct (promotion et génération de contacts qualifiés), les applications commerciales (vente en ligne), les applications de service après-vente (renseignements, réparations, etc.) et les applications logistiques ou comptables (de type EDI). Les objectifs des entreprises

qui se lancent dans le commerce électronique est de développer le chiffre d'affaires, diminuer les coûts, de développer de nouveaux contacts et de nouveaux services. Dans de nombreux cas, il est véritablement le moyen pour une entreprise de s'ouvrir au marché international à moindre coût et d'étendre son interface avec le client en mettant son système de commande à disposition 24 heures sur 24.

On estime que le commerce électronique mondial représentera 400 milliards d'euros en 2003. Le chiffre d'affaires réalisé via le commerce électronique va être multiplié par 13 en moins de quatre ans. Aux États-Unis, les dépenses sur Internet en 2001 sont estimées à dix milliards de dollars : 32 % de ce montant est consacré aux achats informatiques, 24 % au tourisme, 19 % aux loisirs, 10 % aux cadeaux et 5 % au prêt-à-porter.

Le commerce électronique ouvre l'accès à de nouveaux marchés. Il permet ainsi d'étendre la clientèle. Il accélère les traitements traditionnels (commande, facturation, etc.). Il permet de diminuer le volume de documents à traiter.

La sécurité est une contrainte essentielle du commerce électronique. Sur le web, les risques d'interception de données, de lecture ou modification illicite de ces données, d'usurpation d'identité, d'accès non habilités existent. Les solutions à tous ces problèmes existent. Elles sont encore perfectibles et font l'objet de nombreuses améliorations. Les kits de développement de sites web incluent les modules de sécurité en respectant les normes en cours de définition.

2. **Intégration d'applications et de systèmes.** – Ce concept, appelé encore EAI pour Entreprise application integration, apparu à la fin des années 1990, désigne les activités d'intégration de systèmes dans les

entreprises. Il concerne l'ensemble des méthodes, des logiciels et des projets dont le but est de rationaliser, centraliser, faciliter et accélérer la communication entre applications informatiques hétérogènes, afin d'automatiser les processus métiers de l'entreprise. Quand il s'agit d'applications au sein d'une même entreprise, on parlera de A2A (Application to Application). Dans les autres cas, on parlera de B2B, ou B2C. C'est la réponse technique et méthodologique globale à plusieurs problématiques anciennes des SI, dont l'évolutivité, l'ouverture et la rapidité. On distingue deux types d'intégration : des applications et des processus métiers.

L'intégration d'applications consiste à établir des liaisons entre des systèmes logiciels disparates afin de les rendre cohérents et d'offrir des fonctionnalités d'interopérabilité. La problématique d'intégration peut être découpée en cinq couches, allant de la plus basique (transfert des flux) aux flux B2B. La couche *transport* doit être conforme aux protocoles et outils standards du marché (TCP/IP, FTP, MQ Series...). La couche *données* doit permettre de fournir un référentiel de traduction des données et garantir l'intégrité des données. La couche *information* doit permettre d'établir une correspondance entre les représentations hétérogènes de l'information et d'extraire l'information des applications. La couche *processus* permet de fournir une vision agrégée et atomique d'un processus faisant intervenir des flux d'informations de plusieurs applications. Enfin, la couche *B2B* doit garantir la sécurité et la fiabilité des transferts par Internet. Elle doit aussi garantir la disponibilité requise par Internet. À noter que, selon le Gartner Group, 35 à 40 % des coûts informatiques seraient liés à des travaux d'intégration de systèmes. Les raisons principales sont : la partie intégration est généralement sous-estimée, elle n'est pas industrialisée, les développements liés à l'intégration sont souvent hétérogènes, enfin les dépenses engendrées par l'intégration sont mal mesurées. Les caractéristiques fonctionnelles des produits EAI sont les suivantes :

- interconnexion d'applications nombreuses, gouvernées par des protocoles de communication différents (FTP, SMTP, HTTP, etc.) ;
- interfaçage des programmes issus de technologies variées, travaillant avec des langages et des formats de données spécifiques en utilisant des API ;
- gestion des processus métiers de manière à optimiser les flux interapplicatifs ;
- gestion centralisée des transformations de données, de récupération et de routage des données.

Les principaux acteurs du marché sont Active Software, BEA Systems, IBM, Mercator, Microsoft, souvent dans le cadre de partenariats avec d'autres entités. Les principaux langages de développement sont Java et XML. Une architecture type est donnée à la figure 13.

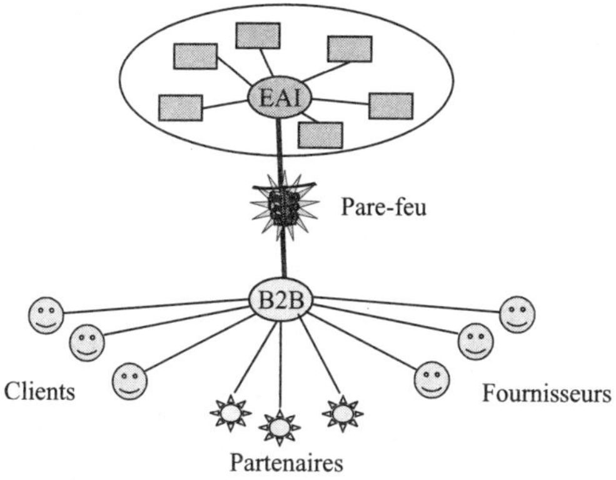

Fig. 13. – Architecture d'intégration

3. **L'échange de données informatisées (EDI).** – L'EDI s'inscrit dans le cadre des échanges d'information entre entreprises. Il s'agit de la transmission, réception et analyse de messages entre des partenaires commerciaux. D'un point de vue technique, l'EDI est une application spécifique de la couche 7 au sens d'OSI qui s'intéresse à la structure des données et à leur transfert par un moyen électronique. Le cadre de l'EDI est celui des systèmes hétérogènes et ouverts. Il est multisectoriel et protocolaire. Il constitue un sous-ensemble du commerce électronique. L'EDI permet une intégration aisée et rapide de l'information et des données dans le SI de l'entreprise. Il permet de limiter les erreurs puisqu'il ne nécessite pas d'intervention humaine d'intermédiation, supprime toute duplication d'information et offre une compatibilité entre les applications. Il permet la réduction du cycle économique grâce à la réduction des coûts et des délais de transmissions de données. Une typologie des données et des domaines de l'EDI est donnée ci-après (fig. 14).

En termes de standards et de normes, il existe trois grandes familles de présentation des documents :

- EDI : échange de données commerciales avec la norme EDIFACT ;
- ODA : présente une structure logique et physique des documents, propose une architecture du contenu et utilise les formats d'échanges ODIF ;
- SGML : standard servant pour la description de représentations structurées de documents. Il comprend un langage adapté à la description de la structure logique des documents. HTML en est un sous-produit utilisé pour la réception des pages web. XML (eXtensible Markup Language) en est aussi un sous-ensemble et permet de définir un format standard universel de stockage des données.

Nature des données	*non standards périssables*	*non standards permanentes*	*standards, de type mobile*	*standards, de type permanent*
d'information	télévision, presse, mailing, publicité, demande d'information	courrier	document papier, téléphone, prévision de ventes	document papier, catalogue fournisseurs et produits
de service	téléphone, fax, courrier, support téléphonique *(hotline)*	document papier, notice d'utilisation	document papier, formulaire, bon de livraison, bon de transport	document papier, catalogue fournisseur et produits
d'engagement	courrier, telex, offre de prix, devis, proforma	document papier, contrat	document papier, commande, facture, règlement	document papier, conditions générales de vente

Fig. 14. – Typologie des données et domaines de l'EDI

Contrairement à EDIFACT, la norme XML offre des liens hypertextuels et des adresses URL (Uniform Resource Locator) facilitant la navigation. Elle permet une rapidité de transport d'information grâce à l'indépendance entre contenu informationnel et mise en forme. Elle permet d'atteindre un niveau de sécurité grâce à l'utilisation de protocoles tels que SSL, SHTTP, etc.

VI. – La formation

L'offre de formation en informatique est structurée en deux composantes que sont la formation initiale ou première et la formation continue ou permanente.

La formation initiale est dispensée dès l'enseignement secondaire. L'offre universitaire s'étend du premier cycle spécialisé et professionnalisé (DUT, BTS, DU) au troisième cycle professionnel (DESS) ou orienté recherche (DEA, doctorat) en passant par le second cycle général (licence, maîtrise) ou professionnel (licence professionnelle, IUP, MIAGE, etc.). Les écoles d'ingénieurs sont aussi des acteurs dans la formation initiale. Certaines écoles généralistes consacrent une partie importante de leur formation ou une option à l'informatique. D'autres offrent une formation spécialisée, menant au diplôme d'ingénieur en informatique. Outre la formation des informaticiens, l'enseignement de l'informatique tend à se généraliser pour faire, de l'ensemble des jeunes arrivant sur le marché du travail, des utilisateurs avertis.

La formation continue, quant à elle, recouvre des cursus diplômants, facilitant l'évolution des informaticiens ou la reconversion des autres sur le marché du travail, et des cursus non diplômants, permettant la découverte ou la mise à niveau dans les nouvelles technologies de l'information, tant pour les informaticiens que pour les utilisateurs à la recherche d'une double compétence.

À l'apparition de l'informatique sur le marché, la formation des utilisateurs et des spécialistes n'était pas structurée. On a donc géré la pénurie en formant de façon accélérée (dans les années 1980, en six mois, on devenait informaticien) des individus avec les compétences minimales nécessaires. Depuis, face à la demande croissante des entreprises, cette formation s'est fortement structurée. Bien qu'il existe encore une pénurie d'informaticiens, estimée à 35 000 environ en France, cette formation permet de répondre aux besoins principaux des entreprises. Toutefois, les évolutions technologiques, la prise de conscience par l'entreprise de l'intérêt stratégique des systèmes d'information et les fluctuations rapides du marché rendent difficile l'ajustement de l'offre de formation à la demande des entreprises.

VII. – **Le droit et l'informatique**

L'intrusion de l'informatique dans l'entreprise comme dans la vie privée n'est pas sans conséquence juridique. Sans prétention aucune sur ce sujet qui relève du droit, mentionnons simplement que l'informatique et notamment Internet ne constituent pas des vides juridiques mais des nouveautés nécessitant une redéfinition des concepts du droit ou, plus précisément, une déclinaison adaptée des règles de droit. Le domaine est vaste et nous nous contentons ici de citer quelques points spécifiques. Internet comprend trois aspects, la diffusion de l'information, le commerce électronique et la communication entre les personnes. Ces trois aspects doivent être appréciés sous l'angle juridique. L'ensemble de l'informatique couvre de nombreux domaines du droit, privé et public, français et international, droit des marques, droit de la propriété intellectuelle, respect de la vie privée, etc.

Il existe différents organismes régissant l'usage de l'informatique. Citons notamment la Commission nationale de l'informatique et des libertés (CNIL), créée en 1978 par la loi Informatique et libertés, dont la mission est le respect des dispositions légales sur les données nominatives. La Brigade centrale de répression de la criminalité informatique (BCRI) dépend de la police judiciaire. Elle a été créée en 1994. Le Service des enquêtes sur les fraudes aux technologies de l'information (SEFTI) suit le schéma normal des procédures pénales. Le conseil de l'Internet est un organisme d'autorégulation qui regroupe des acteurs de l'Internet, notamment des fournisseurs de contenu marchand ou non marchand, des fournisseurs d'infrastructure, des fournisseurs d'accès et des hébergeurs de sites web. Le conseil de l'Internet a mis en place la charte de l'Internet. Cette charte intitulée « Règles et usages des acteurs de l'Internet en France » est avant tout pédagogique. La « netiquette », fusion de net, éthique et étiquette, est un code implicite dont certaines règles de comportement sont écrites dans des chartes ou règlements.

Il est très éloquent d'énoncer les différents aspects juridiques de certaines pratiques Internet courantes. À titre d'illustration, voici les cinq précautions ou mesures que doit prendre tout créateur d'un site web :

a) Enregistrer le nom de domaine. Selon le suffixe choisi (.fr.com, etc.) le bureau d'enregistrement diffère. Cet enregistrement ne suffit pas à protéger le nom, ni à se l'approprier. En effet, si le nom contient une marque déposée ou une dénomination commerciale, il peut être contesté. Il est donc prudent de vérifier que ce n'est pas le cas et, éventuellement, d'enregistrer ce nom comme marque auprès de l'Institut national de la propriété industrielle (INPI).

b) Si le site contient des données nominatives, il doit être déclaré auprès de la CNIL.

c) Le site doit afficher les informations légales, notamment les coordonnées de son possesseur (personne physique ou morale) et de son hébergeur.

d) Le contenu du site doit être conforme à la loi, et notamment ne contenir aucune information (texte, image, etc.) diffamatoire, raciste, révisionniste, pornographique, ou portant atteinte à la dignité humaine. Il ne doit pas non plus mettre en ligne une œuvre protégée (texte, musique, etc.) sans l'accord de son auteur.

e) Enfin, le contenu généré par le créateur du site peut être lui-même protégé, soit par dépôt d'enveloppes spécifiques auprès de l'INPI, soit par des techniques dites de tatouage numérique, auprès d'organismes spécialisés.

Dans le domaine du commerce électronique, on retrouve les composantes du droit des affaires et, notamment, beaucoup de similitude avec la vente par correspondance. Le mél (ou email) vaut en principe engagement (d'achat, de vente, ou autre) mais il très difficile d'authentifier un tel courrier et d'éviter que son présumé auteur ne le répudie. En conclusion, sur ce sujet en pleine évolution, il est utile de se tenir informé sur les nouveaux textes de loi et la jurisprudence.

VIII. – **Audit, évaluation et risque informatique**

Les progrès technologiques réalisés au cours de ces dernières années, la dépendance croissante des entreprises par rapport à leurs systèmes d'information, les risques informatiques courus par l'entreprise, les coûts engendrés par l'informatique et enfin le rôle stratégique joué par les SI dans la recherche d'avantages concurrentiels rendent l'évaluation des SI plus que jamais nécessaire. Les entreprises sont amenées à veiller à l'utilisation optimale et à la sécurité de leur patrimoine informatique. L'entreprise, placée devant la nécessité d'auditer son système d'information, trouve à sa disposition une panoplie de techniques et principalement deux approches : COBIT, orientée processus d'informatisation, et INFAUDITOR, orientée domaines constitutifs du SI. COBIT est fondée sur les objectifs de contrôle de la fondation ISACA (Information Systems Audit and Control Association). Les contrôles d'audit consistent à analyser l'information requise pour les processus d'informatisation et à considérer cette information comme le résultat des processus de gestion utilisant les technologies de l'information.

INFAUDITOR examine les facteurs critiques du SI correspondant à différents domaines d'audit tels que la politique et l'organisation des SI, les systèmes d'information fonctionnels (marketing, finance, logistique, etc.), les moyens informatiques (architectures matérielles et logicielles, réseaux et télécommunications), le management et le contrôle de la fonction informatique, la sécurité informatique (physique et logique), les applications existantes et les projets de développements, les coûts informatiques, les achats et la sous-traitance. Les tests d'audit à effectuer sont déterminés par la nature et la mission d'audit, les caractéristiques propres de l'entreprise et de son système d'information (taille, secteur d'activité, etc.). INFAUDITOR structure les domaines d'audit et les critères d'évaluation sous forme d'arborescence. Parmi les critères d'évaluation, mentionnons l'auditabilité, la cohérence, la conformité aux lois, l'efficacité, l'évolutivité, la faisabilité, la sécurité, la fiabilité et la performance.

COBIT comme INFAUDITOR ont été conçues en vue d'assister l'auditeur dans l'évaluation du SI de l'entreprise. À ce titre, elles traitent à la fois les aspects techniques et les aspects managériaux des SI. Elles peuvent être utilisées pour auditer les coûts et la rentabilité des SI. L'évaluation de cette rentabilité est contrastée. Certaines études ont montré que l'informatique à grande échelle entraîne une productivité élevée. À l'inverse, on constate que les entreprises dont les dépenses informatiques sont moyennes affichent une rentabilité médiocre. D'autres études arrivent à des conclusions inverses : il existerait un seuil au-delà duquel l'effet des dépenses sur la rentabilité diminue. Enfin, une minorité de spécialistes montre que l'investissement informatique a un effet négatif sur la rentabilité. En conclusion, il est difficile d'énoncer une vérité générale sur la rentabilité de l'informatique tant les études sur le sujet sont discutables et controversées.

CONCLUSION

L'exploration rapide d'un champ aussi large, ainsi que l'évolution fulgurante du phénomène Informatique dans la société peuvent laisser perplexe. Notre souhait est que la lecture de ce panorama rapide regroupant ce qui est entendu sous le terme Informatique ait engendré l'envie d'approfondir tout ou partie des domaines sous-jacents. La bibliographie qui suit ouvre quelques voies dans ce sens.

BIBLIOGRAPHIE

Bases de données. Objet et relationnel, G. Gardarin, Eyrolles, 2001.
Les réseaux, G. Pujolle, Eyrolles, 2000.
Le PC. Maintenance et mise à niveau, S. Mueller et M. E. Soper, Campus Press, 2002.
Précis de conduite de projet informatique, C. Chartier-Kastler, Éditions d'Organisation, 2002.
Introduction à la bio-informatique, C. Gibas, P. Jambeck, O'Reilly France, 2001.
Dictionnaire de l'informatique. Acteurs, concepts, réseaux, P. Morvan, Larousse, 2000.
Introduction à l'informatique théorique, Bourda, Eyrolles, 1994.
Introduction aux systèmes temps réel, Hermès, 1999.
L'intelligence artificielle, C. Rémy, Dunod, 1994.
Les systèmes d'information de gestion, K. Laudon, J. Laudon, Village Mondial, 2001.
Architecture des ordinateurs, J.-L. Hennessy, D. Patterson, Vuibert, 2001.
Précis de génie logiciel, Masson, 1996.
Informatique graphique, B. Péroche, Hermès, 1997.
Guide juridique de l'Internet et du commerce électronique, P. Breesse, G. Kaufman, Vuibert, 2000.
Le langage des machines. Introduction à la calculabilité et aux langages formels, R. Floyd, R. Biegel, Vuibert, 1995.
La bible Internet, F. Mora, Vuibert, 1997.
Programmation multimédia avancée, S. Rimmer, Vuibert, 1995.
Principes appliqués des systèmes d'exploitation, A. Silberschatz, P. Galvin, Vuibert, 2001.
ERP et progiciels de gestion intégrés, J.-L. Thomas, Dunod, 2001.
EAI, intégration des applications d'entreprise, B. Manouvrier, Hermès, 2001.
Comprendre le commerce électronique, D. Kosiur, Microsoft Press, 1997.
Concevoir et déployer un data warehouse, R. Kimball, L. Reeves, M. Ross, W. Thornthwaite, Eyrolles, 2000.

TABLE DES MATIÈRES

Introduction 3

Chapitre 1 – **L'informatique – Un outil** 5

I. Le matériel, 5 : 1. Unité centrale, 6 : A) Processeur, 6 ; B) Mémoire centrale, 8 ; 2. Périphériques, 12 : A) Périphériques d'entrée, 12 ; B) Périphériques de sortie, 13 ; C) Périphériques de sauvegarde, 16 ; 3. Matériel de réseau, 23 – II. Le logiciel, 27 : 1. Logiciels de base, 27 : A) Systèmes d'exploitation, 27 ; B) Langages de programmation, 31 ; 2. Logiciels d'application, 33 ; 3. Architectures logicielles, 43.

Chapitre 2 – **L'informatique – Une discipline** 45

I. Les concepts de base, 45 – II. Les fondements théoriques, 50 – III. Les méthodes, 53 : 1. Cycle de vie du logiciel, 53 ; 2. Les modèles du cycle de vie, 56 ; 3. Les méthodes standards, 57 – IV. Les domaines de spécialité, 60 : 1. Réseaux et télécommunications, 60 ; 2. Bases de données, 66 ; 3. Langages – Génie logiciel – Algorithmique, 73 ; 4. Intelligence artificielle, 78 ; 5. Systèmes d'information et de décision, 84 ; 6. Temps réel, 86 ; 7. Architectures et parallélisme, 89 ; 8. Calcul scientifique, 91 ; 9. Informatique graphique et multimédia, 93 ; 10. Bio-informatique, 94.

Chapitre 3 – **L'informatique – Une fonction** 96

I. Les métiers de l'informatique, 96 : 1. Les métiers d'administration et de gestion de l'informatique, 97 ; 2. Les métiers de l'expertise, 98 ; 3. Les métiers du conseil, 98 ; 4. Les métiers de l'exploitation et de la production, 98 ; 5. Les métiers des études et du développement, 99 ; 6. Les métiers du support et de l'assistance aux utilisateurs, 99 ; 7. Les métiers du commerce et du marketing, 99 – II. L'organigramme, 100 : 1. Le service informatique dans l'entreprise, 100 ; 2. L'organigramme du service informatique, 101 ; 3. Le budget du service informatique, 104 – III. L'industrie informatique, 104 – IV. La sécurité informatique, 106 : 1. Les concepts de la sécurité, 107 ; 2. Les problèmes de sécurité, 108 ; 3. Les techniques de lutte contre l'insécurité, 109 : A) Les solutions matérielles, 109 ; B) Les solutions logicielles, 109 ; C) Les procédures de sécurité, 111 – V. Les tendances, 112 : 1. Le commerce électronique, 112 ; 2. Intégration d'applications et de systèmes, 113 ; 3. L'échange de données informatisées, 116 – VI. La formation, 117 – VII. Le droit et l'informatique, 119 – VIII. Audit, évaluation et risque informatique, 121.

Conclusion 124

Bibliographie 125

Imprimé en France
Imprimerie des Presses Universitaires de France
73, avenue Ronsard, 41100 Vendôme
Septembre 2002 — N° 49 529